병산서원

이수환

영남대학교 명예교수. 영남대학교 문과대학 국사학과를 졸업하고 동대학원에서 문학박사 학위를 받았다. 주로 조선시대 서원을 비롯한 향촌사회사에 관심을 갖고 연구하고 있다. 저서로는 『조선후기 서원연구』, 『도동서원 道, 東에서 꽃피다』, 『한국 서원의 전통가치와 현대적 계승』(공저) 등이 있고, 편저로는 『옥산서원지』, 『도동서원지』 등이 있다. 논문으로는 「18-19세기 영남지방 향론의 분열과 향전」, 「경주지역 손이시비의 전말」 등 다수가 있다.

한국의 서원 100선
002

병산서원

서원 건축의 백미

屛山書院

이수환

문예원

머 · 리 · 말

이 책은 병산서원에 대한 이야기이다. 필자는 서원을 주제로 하여 석사과정을 마친 후 박사학위 논문을 준비하면서 각 지역의 대표적인 서원을 답사하면서 관련자료를 수집 정리해 나갔는데 그 과정에서 1980년 중반에 병산서원을 조사한 적이 있다. 당시 병산서원 관련자료는 관리의 필요상 하회마을의 서애종택 내 유물전시관인 영모각으로 이전하여 종택자료와 함께 보관하고 있었다. 필자는 영모각에서 확인되는 병산서원 관련자료를 종합적으로 조사하지 못하고 그 일부를 조사하여 1987년에 「17, 18세기 안동 병산서원의 사회 · 경제적 기반」이라는 논문으로 정리한 바 있다.

서원은 교육기관으로 출발하였지만 이후 사림의 정치 · 사회적 활동 등 지방문화의 거점으로서 역할을 하였다. 따라서 서원은 이와 관련된 성리학 관련 서책 및 서원운영과 관련된 필사원본류와 고문서 등 많은 기록자료를 남겼다. 그러나 이러한 서원 관련 자료들은 대원군의 전면적인 서원훼철 때 대부분 소실되었다. 그러나 다행히 병산서원은 1871년(고종 8) 대원군의 전면적인 서원·사우 훼철 때 남게 됨으로써, 여타의 서원에 비해서는 비교적 많은 소장자료가 남아 있다. 병산서원 운영과 관련된 이러한 자료는 영모각으로 이관 보관해오다가 현재는 한국국학진흥원에 위탁 보관되어 있다.

이 책은 위 논문을 토대로 해서 병산서원 관련자료를 종합적으로 검토하여 사실에 입각하여 서원에 대한 이야기를 입지, 배향인물, 설립과 사액, 운영, 교육, 정치·사회적 활동, 소장자료, 건축, 제향의식 등 11장으로 나누어 간략하게 재구성한 것이다.

서애 류성룡은 임진왜란을 극복한 명신이고 퇴계학파의 영수로 활약하였다는 점에서, 안동 여강서원(사액 호계서원), 군위 남계서원, 상주 도남서원, 용궁 삼강서원, 의성 빙계서원 등 그를 배향하는 여러 서원이 건립되었는데 병산서원이 그 대표적인 서원이다. 병산서원은 조선후기에 호계서원과 함께 안동의 2대 서원 나아가 영남을 대표하는 서원으로 교육과 정치·사회활동의 중심지로 역할하였다는 점에서 이를 종합적으로 정리해 보는 것도 의미가 있다고 생각한다.

병산서원은 2010년 7월 하회와 양동마을이 '한국의 역사마을: 하회와 양동'으로 유네스코 세계유산으로 지정될 때 포함되었으며, 2019년에는 '한국의 서원'이 세계유산으로서의 완전성과 진정성을 인정받아 유네스코 세계유산으로 등재될 때, 경북의 소수·옥산·도산, 대구의 도동, 경남의 남계, 전남의 필암, 전북의 무성, 충남의 돈암서원 등과 함께 등재되어 관리되고 있다. 병산서원은 한국에서 자연과 어우러진 서원 건축미의 백미를 보여주는 가장 아름다운 서원으로 평가받고 있으며, 2005년에는 미국 제 41대 대통령인 H.W. Bush 내외가 방문하여 기념식수를 하기도 하였다.

이 책의 내용 중 제향의식과 건축, 교육, 소장자료 등은 기존에 이상해, 박종배 및 국립문화재연구소의 병산서원 향사에 대한 정치한 연구 등이 있어 이를 참고하여 정리하였다.

2025년

이수환 씀

차례

서원의 입지와 자연경관

병산서원은 경상북도 안동시 풍천면 병산리에 있다. 이곳은 서원에 주향으로 모신 서애 류성룡의 고향인 하회河回마을에서 동쪽으로 3㎞ 정도 떨어진 가까운 곳이면서 산과 물이 어울려 아름다운 경치를 자아내는 곳이다. 병산서원은 한국에서 자연과 어우러진 서원 건축미의 백미를 보여주는 가장 아름다운 서원으로 평가받고 있다.[1]

병산서원은 지리적으로 뒤쪽으로는 화산花山을 주산으로 하여 그 산자락에 남향을 하며 자리 잡았다. 서원 앞으로는 낙동강이 동쪽에서 서쪽으로 흐르고, 그 건너편에는 병산이 서원과 마주하고 있다. 화산 건너편에는 풍산 류씨 집성촌인 하회마을이 있다. 화산을 사이에 두고 병산서원은 산의 동쪽에, 하회마을은 그 반대쪽에 있는 것이다.

서원 앞을 흐르는 물줄기는 아주 예부터 남측 강변을 치고 흐르면서 산을 병풍처럼 가파르게 만들었는데, 병산은 이러한 산의 형상에서 이름이 붙여진 것이다. 병산서원은 이러한 지형 조건을 이룬 곳에 세워져 강 건너 있는 병산과 낙동강을 마주 보며 자리잡고 있다.

병산서원과 하회마을을 연결하는 길은 예전에는 산길을 걸어가는 육로와 배를 이용하여 이동하는 방법이 있었는데,

1 이상해, 「병산서원」 〈병산서원의 경관, 건축 및 공간〉, 『한국의 서원유산』 Ⅰ, 한국서원연합회, 2014, 375~377쪽 참조.

병산서원(한국국학진흥원 제공)

요즘에는 하회마을 입구에서 동쪽으로 화산자락을 감돌며 낸 도로를 이용하여 버스나 자동차로 갈 수 있다. 병산서원과 하회마을의 관계를 제대로 알고 옛 분위기를 느낄려면 옛길을 택하는 것이 좋다. 산을 넘어면서 유유히 흐르는 낙동강을 바라보는 경관이 좋기 때문이다.

병산서원에서 앞을 바라보면 강변에는 넓은 모래사장이 펼쳐지고 그 옆 언덕에는 노송들이 꿈틀거리며 서 있고, 강물 속에는 병산이 깊게 그림자를 띄우며 절경을 연출한다. 병산서원은 바로 이러한 강물과 병산을 마주 보는 산자락에 자리 잡고 있다.

풍수지리적으로 보면 병산서원은 좌청룡, 우백호를 거느리고 있으며, 서원에서 북쪽 멀리 위치한 학가산鶴駕山은 조산祖山이 되고, 화산은 주산이 된다. 서원 앞을 유유히 흐르는 낙동강은 서원에서 앞을 바라보았을 때 왼쪽인 동쪽에서 흘러들어 오른쪽인 서쪽으로 흘러나가는 좌입우출의 형국을 이룬다. 병산은 그 자체가 수려하기는 하지만 서원을 압도할 정도로 가까이에서 높게 솟아 있다. 서원에서 앞을 바라볼 때 절벽에 가까운 모습을 한 병산은 풍수가들이 기피하는 산살山殺을 가지고 있다. 이런 이유로 병산서원에는 산살을 완화시키기 위한 누 건물이 서원 영역과 자연경관 사이에 들어서 있다. 이 누 건물은 결과적으로 병산서원에서 독특한 건축공간을 제공하는 조정자가 된다. 이와 같이 병산서원은 초창기 대부분의 서원과 마찬가지로 세속에서 떨어진 산수가 뛰어나면서도 한적한 곳에 세워졌다.

서애 류성룡과 수암 류진

류성룡(1542-1607)

류성룡은 본관은 풍산豊山, 자는 이견而見, 호는 서애西厓이다. 중종 37년(1542) 경상도 의성현義城縣 사촌리沙村里 서림西林 외가에서 부친 류중영柳仲郢(1515-1573)의 둘째 아들로 출생하였다. 이후 고향 마을인 안동부 풍산현의 하회마을과 한양에서 성장하였는데, 어렸을 때부터 학업에 뜻을 두어 주위 인사들로부터 신동이라는 평가를 받았다고 한다. 21세 때에 아버지의 권유로 형 류운룡과 함께 당대 최고의 유학자였던 퇴계 이황의 문하에 들어가 수개월 동안 머무르면서 성리학 학습서『근사록』등 성리학의 요체를 배웠다. 당시 퇴계는 류성룡을 한 번 보고 "이 사람은 하늘이 낸 사람"이라고 말 할 정도로 그가 큰 학자가 될 것을 직감하였다. 이후 중앙정계로 진출한 후 퇴계학파의 영수로 활약하였다.

명종 19년(1564) 23세에 사마시에 합격하였고, 25세가 되던 명종 21년(1566)에 별시문과에 병과로 급제하며, 문신으로서 본격적인 관직 생활을 시작하였다. 류성룡은 젊은 나이임에도 불구하고 관료로서 두드러진 모습을 보이며 여러 요직을 역임하였다. 선조 2년(1569)에는 성절사聖節使 서장관書狀官으로 명나라에 다녀와 견문을 넓혔으며, 춘추관 기사관記事官, 이조좌랑, 이조참의, 부제학, 대사헌, 병조판서 등에 오르며 빠르게 승진하였다. 하지만 그에게도 정치적 시련이 있었다. 당시는 사림들이 동인과 서인으로, 동인은 다시 남인과 북인으로 나뉘어져 치열한 정쟁을 벌이던 시기였는데, 류성룡은 바로 동인 또는 남인의 핵심 인사였던 것이다. 이로 인해 수시로 정적으로부터 공격을 받을 수밖에 없었다.

관료로서 그의 활약이 두드러졌던 것은 임진왜란 때의 활약이다. 일찍이 류성룡은 일본의 조선 침략을 대비하여 군비강화를 모색하였다. 그 중에서도 가장 큰 업적은 단연 품계를 초월하여 인재를 천거했다는 것이다. 대표적인 인물이 다름 아닌 이순신이다. 전란 직전인 선조 24년(1591) 좌의정 류성룡은 종6품에 불과했던 정읍현감井邑縣監 이순신을 정3품 전라도좌수사로 파격적인 천거를 하였다. 이는 결과적으로 임진왜란의 판도를 바꾼 매우 중요한 결정으로 작용하게 된다. 임진왜란 중에 영의정과 도체찰사都體察使의 중책을 맡아 전시 군사 업무를 총괄하는 등 전시 정국을 주도하면서 무너져 가는 조선을 다시 일으켜 세우기 위해 7년 동안 사력을 다하였다. 전란 도중에 정적으로부터 탄핵되어 한동안 파직당한 적도 있지만, 류성룡은 피난지까지 국왕인 선조를 호종扈從하며 여전히 전시 정국을 주도해 나갔다. 특히 그는 국경을 넘어 명나라로 피난 가야 한다는 주장에 강력히 반대하고 국내에서 끝까지 항전하며 민심을 수습할 것을 주장하여 사신의 뜻을 관철시켰다. 류성룡은 주로 군대양성 · 화기제조 및 성곽수축을 건의하였는데, 1593년에는 정병양성을 위해 훈련도감 설치를 요청하여 이를 실현시켰다. 이러한 공에도 불구하고 정적으로부터의 공격은 피하지 못해 선조 31년(1598) 북인의 탄핵을 받고 관작이 삭탈되었다.

전란이 끝나고 1600년에 복관되었으나, 류성룡은 관직에 나가지 않고 고향인 하회마을에 은거하였다. 말년을 고향에서 보내면서 류성룡은 도학 · 문장 · 글씨 · 덕행으로 이름을 떨쳤고, 학문 연구와 후진 양성에 주력하였다. 선조 40년(1607) 향년 66세로 생을 마감하였다. 1604년에 선조를 호종한 공으로 호성공신扈聖功臣 2등이 되고, 풍원부원군豊原府院君에 봉해졌다. 사후에 관료이자 학자로서의 업적이 더욱 크게 인정을 받아 '문충文忠'이라는 시호가 내려졌다.

특히 18세기 후반의 군주 정조는 그의 저서『홍재전서弘齋全書』를 통해, 치열한 당쟁의 회오리 속에서도 관료로서 큰 업적을 남긴 류성룡에 대하여 다음과 같이 평가하였다.

> 저 헐뜯는 사람들을 고故 상신相臣(류성룡)이 처한 시대에 처하게 하고, 고 상신이 말았던 일을 행하게 한다면 그런 무리 100명이 있다 하더라도 어찌 감히 고 상신이 했던 일의 만분의 일이라도 감당하겠는가? 옛날 당 태종이 이필李泌에 대해 "이 사람의 정신은 몸보다 크다"라고 하였는데, 나 또한 서애에 대해 그렇게 말한다. 그는 젊었을 때부터 이미 우뚝 거인의 뜻이 있었다.

류성룡은 많은 제자를 두었다. 그의 문집에 실린『문현록門賢錄』에 의하면 문인의 수는 118명으로, 지역별로 보면 안동 30여 명, 상주 30여 명, 의성 7명, 군위 3명 등이며 그 외 전라도, 충청도 지역 유생도 있었다. 류성룡의 학통은 이후 병산서원뿐만 아니라 류성룡을 배향하는 상주의 도남서원道南書院, 군위의 남계서원南溪書院, 의성의 빙계서원氷溪書院, 용궁의 삼강서원三江書院 등을 중심으로 전수되어 갔다.

또한 학자이자 문신으로 많은 저서를 남겼는데, 문집인『서애집』을 비롯하여,『징비록懲毖錄』·『영모록永慕錄』·『관화록觀化錄』·『운암잡기

류성룡 묘소(한국국학진흥원 제공)

雲巖雜記』·『난후잡록亂後雜錄』·『상례고증喪禮考證』·『무오당보戊午黨譜』등이 있다. 이 중에서도 특히 주목할 만한 저서로는 단연『징비록』을 꼽을 수 있다. 이 책은 류성룡이 전란이 끝나고 고향에 은거하면서 정리한 저서이다. "미리 징계해서 후환을 경계한다[豫其懲而毖後患]"라는『시경』구절에서 인용한 제목에서 알 수 있듯이, 다시 한번 임진왜란과 같은 전란이 일어날 조짐이 있을 경우, 사전에 철저히 준비하여 큰 후환을 대비하자는 의도에서 이 책이 저술되었던 것이다. 이와 관련해서『징비록』은 임진왜란 전 일본과의 교린관계, 전쟁이 진행되면서 일어난 백성들의 항쟁; 명나라의 구원, 제해권의 장악 등 임진왜란 당시와 전후 전황에 대해 상세하게 소개해 놓았다. 즉,『징비록』은 임진왜란 당시의 상황을 파악하는데 있어, 매우 높은 역사적 가치를 가지고 있는 저서라 할 수 있다. 류성룡의 저작 중 국보, 보물 등 국가유산으로 지정된 대표적인 저술을 소개하면 다음과 같다.

『징비록』(1책, 필사본, 국보 제 132호)

임진왜란 때 영의정으로서 도체찰사를 겸하고 군무를 지휘하였던 류성룡이 조정에서 물러나 귀향하여 정리한 저술로 선조 25년(1592)부터 선조 31년(1598)년까지 7년간의 기록이다. 임진왜란 이전 일본과의 교린관계를 비롯하여 백성들의 항쟁, 명나라의 구원병 파견 및 제해권 장악 등 전황이 정확히 기록되어 있다. 필사본이었던 것을 경상도관찰사 조수익趙壽益이 류성룡 손자의 요청으로 인조 25년(1647)에 16권 7책으로 간행하였다.

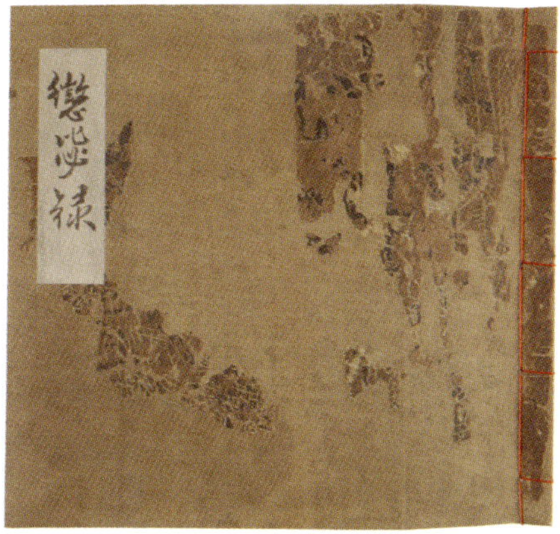

『징비록』
(한국국학진흥원 소장 - 풍산류씨 서애 파문중, 병산서원운영위원회 기탁자료)

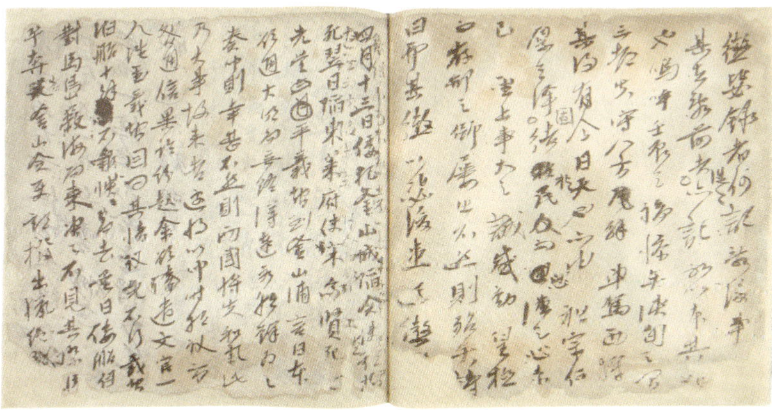

『진사록辰巳錄』(2책, 필사본, 보물 제 160-1호)

임진왜란 낭시 도체찰사와 영의정을 겸했던 류성룡이 임진년(1592)과 계사년(1593)에 왕에게 올렸던 군국정무軍國政務에 관한 서장書狀을 후에 베껴 엮은 책이다. 그 내용은 왜적의 동태, 명나라 장수와 우리나라 장수들의 작전 태세, 군량의 수집 보급, 무기의 조달, 군인들의 논공행상 등 각종 문제에 대한 대책 등을 조정에 보고 또는 건의한 것이다.

『난후잡록亂後雜錄』(2책, 필사본, 보물 제 160-2호)

류성룡이 임진왜란 후 자신이 보고 듣고 겪은 것을 기록한 책으로『류성룡종손가문적柳成龍宗孫家文籍』에 들어 있다.

『근폭집芹曝集』(2책, 필사본, 보물 제 160-3호)

류성룡이 1592년부터 1596년까지 왕에게 올린 군국 정무에 관한 차자箚子·계사啓辭를 베껴서 엮은 책이다. 근폭은 중국 송나라 농부가 늘 삼베옷을 입고 겨울을 지내다 봄이 와서 따뜻한 햇볕을 쬐자 임금께 이 따스함을 드리고 싶다 했고, 미나리의 맛을 보고는 맛있는 미나리를 임금께 드려야겠다고 한데서 연유한 말이다. 류성룡이 관직에서 물러나 고향에 있을 때 직접 베껴서 엮은 것으로 추정하고 있다. 현재 초본草本외에도 간본刊本이 전하고 있다.

류진(1582-1635)

조선 중기 문신이자 학자로 류성룡의 셋째 아들이다. 자는 계화季華, 호는 수암修巖이다. 임진왜란이 끝난 후, 고향인 하회마을에 은둔한 아버지 류성룡으로부터 학문을 배웠다. 어렸을 때부터 학문에 두드러진 모습을 보였으며, 1610년 29세에 사마시에 합격하였다. 그러나 류진도 아버지 류성룡이 그랬던 것처럼 남인의 주요 인사였기 때문에 정적으로부터 많은 공격을 당할 수밖에 없었다. 광해군 4년(1612) 해서지방에서 김직재金直哉의 무옥이 일어났을 때 정적으로부터 모함을 받아 5개월간 옥고를 치르기도 했다. 인조반정 후 학행으로 천거되어 봉화현감奉化縣監, 형조정랑, 청도군수, 사헌부 지평持平 등을 역임하였다. 관료로서 많은 업적을 남겼으나, 서인의 공격을 받아 관직생활은 순탄하지 못하였다.

한편 류진은 1618년에 농서인 『위빈명농기渭濱明農記』를 편찬한 것으로 유명하다. 이 책은 천방川防(보洑)과 이앙법을 비롯하여 시비법, 황지개간법 등 16세기 이래 17세기 초까지의 영남의 선진농법을 가장 충실하게 반영하고 있다. 특히 당시 시행되고 있던 농법과 노농老農·고로古老들로부터 견문한 경험방까지 비교적 상세히 채록하였다. 중국의 농서나 기존의 『농사직설』을 그대로 전제한 대목은 거의 없으며, 주로 영남지방에서 시행하고 경험했던 농법과 경험담을 자신의 주체적인 입장에서 서술한 것이다.[2]

류진은 높은 관직에 오르지는 못했지만, 아버지 류성룡의 문집을 간행하는 데 중요한 역할을 하는 등 세신世臣의 후예답게 깨끗하고 성실하게 생애를 보냈다는 평가를 받고 있다. 사후 이조참판에 추증되었으며, 저서로는 시문집 『수암집』이 있다.

2 이수건, 『영남학파의 형성과 전개』, 일조각, 1995, 67~68쪽 참조.

상주 수암종택(국가유산청 제공)

건립과정과 연혁

1. 병산서원의 전신 풍악서당

병산서원은 처음 서당으로 건립되었다가 이후 서당 형태를 벗어나 규모를 확장하여 서원으로 발전하였다. 그 전신은 풍악서당豊岳書堂이다. 풍악서당은 고려시대부터 지방 유생들이 강학해 왔던 곳으로 알려져 왔다. 전언에 의하면 고려 공민왕이 홍건적의 난을 피해 안동에 왔다가 서당의 유생들이 학문에 열중하는 모습을 보고 가상히 여겨 서책과 사패지賜牌地를 하사하였다고 전해진다. 1946년 서원 재산으로 설립된 학교법인 '병산교육재단' 소유로 되어 있는 현재 예천군 감천면 일대의 토지와 임야가 이때 하사한 사패지라 전한다.

그러나 공식 기록으로는 『영가지永嘉誌』에 나오는 것처럼 1563년에 창건되었다. 안동지방에는 16세기 후반부터 향촌자제의 교육기관인 서당·정사가 도처에 건립되는데, 풍악서당은 그 대표적인 서당이다. 『영가지』 권4, '서원' 편에 풍악서당의 연혁에 대해 다음과 같이 기술하고 있다.

> 풍악서당은 풍산현 북쪽 1리가량 떨어진 곳에 위치해 있다. 가정嘉靖 계해癸亥(1563)에 창립되었다. 생원 권경전權景絟 등이 상소하여, 이로 인하여 학전學田을 내려주었다. 그 후 서애 류성룡이 서원이 길 옆에 있어 장수藏修의 장소로 합당하지 않다고 하여 여러 학생들에게 권해서 병산屛山으로 옮겼다.

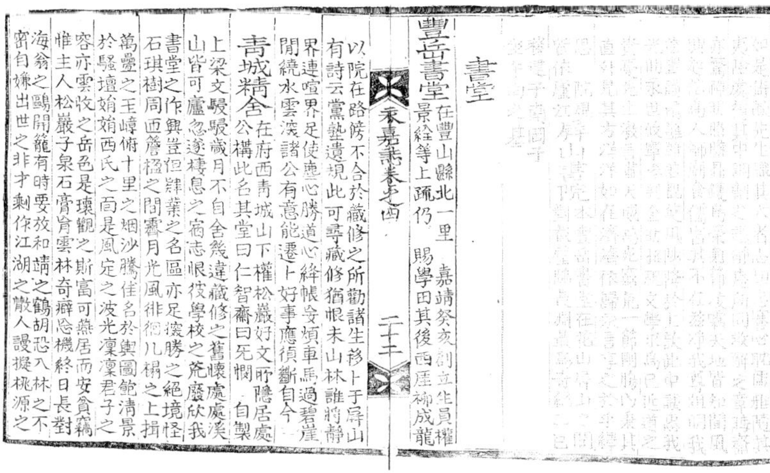
書堂

豐岳書堂在豐山縣北一里 嘉靖癸亥創立生員權景緯等上疏仍 賜學田其後西厓柳成龍以院在路傍不合於藏修之所勸諸生移卜于屛山有詩云黨塾遺規此可尋藏修猶恨未山林誰將靜界連喧界足使塵心勝道心絳帳安煩車馬過碧崖閒繞水雲深諸公有意能遷卜好事應須斷自今

靑城精舍在府西靑城山下權松巖好文所隱居處上梁文曖曖歲月不自舍幾違藏修之舊懷處處溪山皆可廬忽遂棲息之宿志眼役學校之荒廢欣我書堂之作興豈但肄業之名區亦足褒勝之絶境怪石琪樹周匝簷楹之間霽月光風徘徊几榻之上揖萬疊之王峰俯十里之烟沙騰佳名於輿圖飽淸景於騷壇娟娟西氏之面是風定之波光凜凜君子之容亦雲收之岳色是瓌觀之斯富可燕居而安貧竊惟主人松巖子泉石膏肓雲林奇癖忘機終日長對海翁之鷗開籠有時要放和靖之鶴胡恐入林之不密自嫌出世之非才剩作江湖之散人謾擬桃源之

永嘉誌卷之四 二十二

『영가지』 풍악서당조(국립중앙도서관 제공)

풍악서당은 1563년 퇴계의 영향을 받은 풍산현의 유력 사림들의 주도로 건립되었다. 특히 풍악서당은 지역 사회에서의 교육 진흥에 대한 공을 인정받아 조정으로부터 토지를 하사받았다는 점에서 여타 서당과는 사회적 위상이 달랐다.

그러나 풍악서당은 현의 치소에 소재함으로서 사람들의 왕래가 빈번하는 등 주변 환경이 혼잡 · 산만하여 학문의 공간으로는 부적당하였다. 이에 류성룡이 시詩를 지어 서당의 이건을 종용하자, 선조 5년(1572)에 문인 남연록南延祿의 주선하에 현재의 병산서원 인근 지역으로 옮기게 되었다. 그 과정에서 류성룡은 병산의 경치가 뛰어난데다 사람의 왕래도 없이 공부하기에 더없이 좋은 장소라 판난하여 병산으로의 이건을 권유하였다. 『서애집』「서애선생연보」 1614년 4월 5일(정해)조에는 다음과 같이 기록하고 있다.

> 병산서원에 위판을 봉안하고 석채례를 행하였다. 서원은 하외河隈 상류 5리쯤에 있다. 풍산현에는 옛적에 풍악서당이 있었다. 선생은 서당이 관도官道 곁에 있어서 장수藏修 즉 책을 읽고 학문에 힘쓰는 곳으로 적합지 않다고 여겨 본현의 학자들을 설득하여 여기에다 옮겨 건립하였다.

이후 풍악서당은 임진왜란의 와중에 전소되어 선조 38년(1605)에 풍산사림들의 주관하에 중건되었다.

2. 서원 건립

병산으로 옮겨진 풍악서당은 교육의 기능만을 가지던 서당에서, 규모를 확장하여 교화와 공론의 기능을 가진 서원으로 점차 변모해 갔다. 서당을 중건한 후 2년이 지난 선조 40년(1607) 류성룡이 사망하자 그의 문인들을 중심으로 서원 건립 논의가 대두되었다.[3]

이를 주도한 것은 류성룡의 문인들이었다. 그들은 우선 류성룡의 학문과 정신을 계승하고 그를 제사 지내기 위해 광해 2년(1610) 8월 1일

3 졸저, 「17, 18세기 安東 屛山書院의 社會 經濟的 基盤」, 『교남사학』 3, 1987, 176~196쪽 참조.

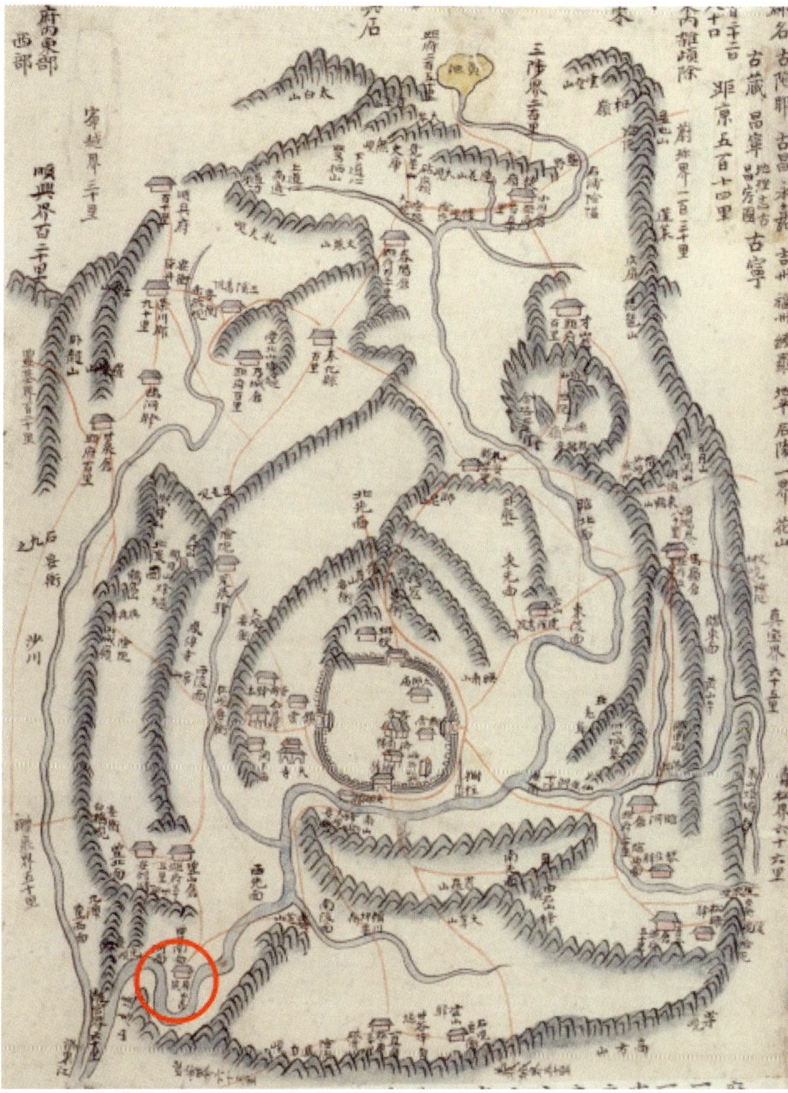

『해동지도』 내 병산서원(규장각 한국학연구원 제공)

병산서당 뒤에 사당을 세워 존덕사尊德祠라 이름을 짓고, 1614년 4월 5일에 위판을 봉안하였다. 1610년 사당을 건립할 때에는 도감으로 전현감 안담수安聃壽·전찰방 김윤사金允思·전참봉 권행가權行可 등 5인이, 유사로 석물유사石物有司 12인, 번와유사燔瓦有司 2인, 각리유사各里有司(현내縣內(2), 북면北面(4), 서면西面(7), 남면南面(3)) 16인, 각면유사各面有司(부동府東(2), 부남府南(1), 부서府西(2), 부북府北(2), 임하臨河(4), 내성乃城(2), 감천甘泉(1), 일직一直(2)) 16인이 참여하였다. 1612년에도 도감 13인, 유사 4인, 단청유사丹靑有司 1인, 석물유사石物有司 1인이 임명되었다. 1614년 봉안 시에는 문인인 강릉부사 정경세鄭經世가 제문을 하였고, 헌관으로 전주제독 안담수, 성균전적 전이성全以性, 승문정자承文正字 김영조金榮祖가, 이외 진설陳設·대축大祝·찬자贊者 등 집사執事에 안동의 대표적인 사림들이 참여하는 등 이 행사에 180여 인(6일 알묘 23인 포함)이 참여하였다.[4] 이렇게 볼 때 병산서원은 이 시기 안동유림들의 공동참여로 건립되었음을 알 수 있다.

이후 류성룡의 위판은 광해 12년(1620)에 퇴계의 두 고제인 류성룡과 김성일을 여강서원廬江書院(이황 주향)에 합향하는 과정에서 여강서원으로 옮겼다가, 인조 7년(1629)에 다시 병산에 복향되었다. 당시 류성룡 위판의 여강·병산서원 봉안 문제를 두고 '일읍양원병향一邑兩院並享'과 '일원봉안一院奉安' 등 이견이 있었으나 주자의 예에 따라 한 고을 두 서

4 『屛山書院奉安錄』 참조.

원에 병향해도 무방하다 하여 두 서원에 병향하게 되었다.[5] 이와는 다르게 김성일을 봉향했던 상덕사尙德祠는 광해 12년 위판이 여강서원에 이배移配되면서 상덕사 소속 서책과 노비는 모두 여강서원에 합쳐져 병산서원처럼 별도로 존속하지 않았다.[6] 이러한 문제가 뒷날 '병호시비' 문제가 제기되었을 때 양측이 호계서원에 대한 인식을 달리하게 하였던 것이다.

이러한 병산서원 설립과정에서 보면 여기에 참여한 인물의 대부분은 초기 『입원록』·『원임록』에 등재된 인물이며 거주지나 관직상으로 보면 일향一鄕(안동)의 유학이 압도적이었다. 특히 설립 당시 각리·각면 유사가 분정 임명되고 있다는 점은 이 시기 병산서원이 일향유림의 공동발의로 창건되고 있음을 나타내준다. 이 점은 서원이 남설되는 17세기후반 이후 남인계 서원의 대부분이 후손·문인 등 이해관계를 같이하는 몇몇 집단에 의해서 설립되는 것과 다른 점이다. 또한 이는 인조반정 이후 서인 내지 노론의 핵심적인 서원이 중앙관료·지방관 내지 전국적인 자파 유림들의 적극적인 호응 속에서 건립되는 상황과도 다른 영남 남인계 서원의 한 특징의 반영이기도 하다.[7]

현종 3년(1662)에 류성룡의 셋째 아들 류진을 종향從享하였다. 류진

5 「屛山書院事實」(『屛山書院尋完錄』 裡面기재), 「己巳年(1629年) 復享記」(『院任錄』) 참조.

6 『永嘉誌』(초고본 1,2차) 권4, 尙德祠조. 이 기사는 1899년에 始刊된 현존 『영가지』(목판본)에는 실리지 않았다.

7 졸저, 『朝鮮後期 書院硏究』, 일조각, 2001, 16~29쪽 참조.

이 병산서원에 배향될 수 있었던 것은 그가 학행으로 천거되어 사헌부 지평을 역임하는 등 향촌사회 내 정치 · 사회적 그리고 학문적 비중이 높았고 또한『서애연보』를 찬하는 등 위선 사업을 적극적으로 추진했기 때문인 것으로 여겨진다.

3. 경제적 기반

서원이 교육기관으로서의 기능과 나아가 붕당정치하에서 일정한 정치 · 사회적 활동을 수행하였다고 한다면 그러한 활동을 가능케 한 것은 각 서원이 가지는 경제적 기반이 중요한 기초가 되었다.

서원의 경제적 기반은 서원노비와 피역을 목적으로 한 원속院屬, 서원전書院田, 지방관 · 유림들의 기부 및 속사屬寺, 속점屬店 등 매우 다양하다. 현재 병산서원의 경제적 기반과 관련된 자료로는 토지안 1건, 17-19세기 노비안 12건 등을 제외하면 그 외 자료는 거의 남아 있지 않다. 따라서 병산서원 경제

병산서원 강당(한국국학진흥원 제공)

적 기반의 총체적인 규모를 밝히는 데는 한계가 있다. 그러나 서원전과 서원노비가 이 시기 서원의 경제적 기반을 구성하는 2대 재산이었음을 감안하면 병산서원 경제적 기반의 대체적인 것은 파악될 수 있다.[8]

1) 서원노비

서원노비는 서원 내에서 각종 노동력 제공 및 서원전의 경작 등 생산 분야에 종사하거나 또는 신공身貢(몸값)을 납부하는 존재로서 서원전과 함께 서원경제를 구성하는 2대 재산이었다. 이들 서원노비는 일반적으로 16세기 중반 설립초기에는 정해진 액수가 없었고 다만 국가에서 사액을 내리는 경우 서책 · 전답과 함께 지급되기도 했으나, 대체로 제향자의 내외손 · 문도들의 조치 및 관노비官奴婢의 급속給屬, 매득, 납상納上, 생산生産(출산) 등의 형식을 통하여 확보 · 확대되어졌다고 생각된다.

특히 서원설립 초기에는 지방관의 속공노비屬公奴婢 혹은 처결이 곤란한 상송노비相訟奴婢의 획급 등 관의 조치가 상당히 중요한 역할을 하였다. 이러한 지방관의 관노비 획급은 '학문을 숭상하고 학교를 일으켜 인재를 양성하는(우문흥학右文興學 양육인재養育人材)' 당시 국가의 서원보호책에 힘입은 바 컸으며, 지방관으로서도 효과적인 임무수행과 '흥학교興學校'라는 직무를 다하기 위해서는 서원과의 상호유기적인 관계설정

8 졸저, 「17, 18세기 安東 屛山書院의 社會 經濟的 基盤」, 『교남사학』 3, 1987, 176~196쪽 참조.

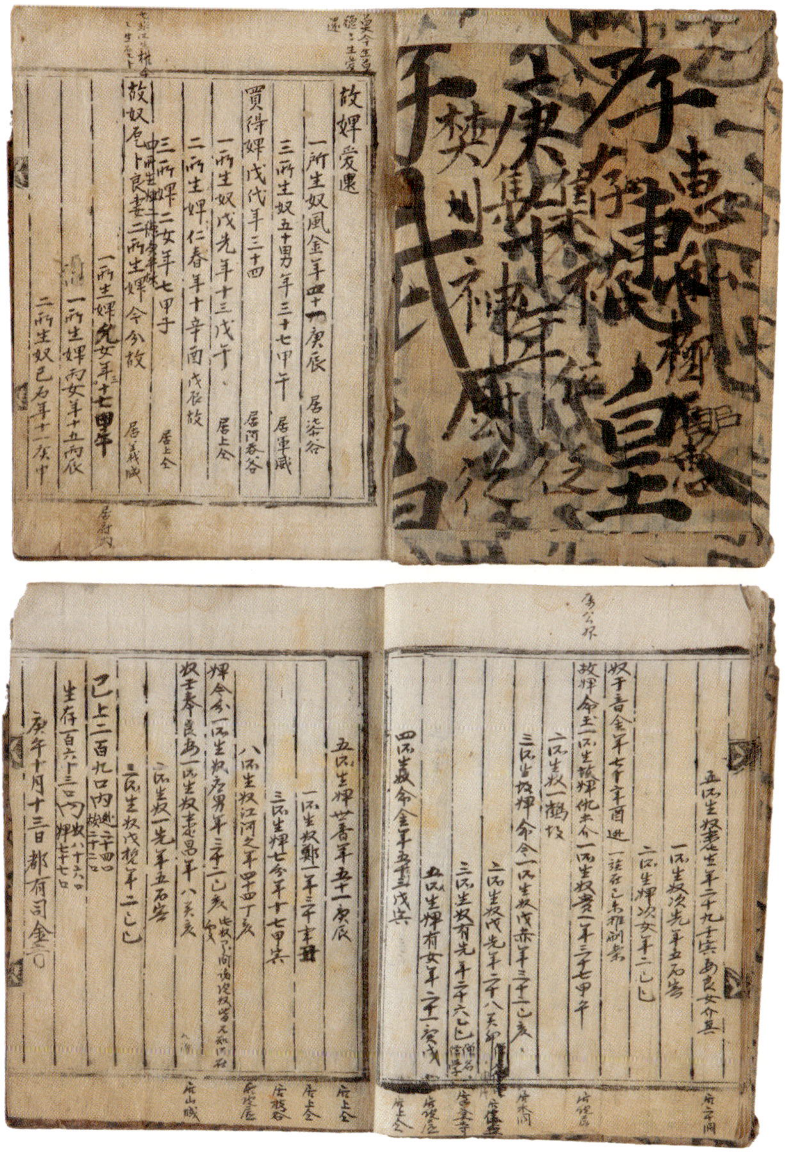

『노비안』(한국국학진흥원 소장 - 풍산류씨 서애파문중, 병산서원운영위원회 기탁자료)

의 필요성이 있었다. 이후 서원노비는 지방관의 조치, 매득 특히 생산을 통하여 시대진전에 따라 기하급수적인 증가추세에 있었다.

병산서원 창건 당시 노비 수의 규모가 정확하게 얼마였는지 밝힐 수 있는 자료는 없다. 단지 1663년 노비안에서 보면 병산서원 전신인 풍악서당 당시 소속노비(노 4구, 비 3구(도망 1구 포함)) 7구가 확인되고, 이외 서원설립 이후 지방관(부사 · 감사)에 의한 6차례에 걸친 속공영납屬公永納 노비(노 3구, 비 5구) 8구가 확인된다. 병산서원의 초기 노비확보 상황은 대체로 여타 서원과 동일하였다고 본다.

먼저 병산서원 17-19세기 원노비안의 분석을 통한 원노비의 증감현상을 시기별로 분석 정리해 보면 다음 표와 같다.[9]

〈표-1〉 17-19세기 병산서원 노비안 분석표

번호	성별 연대	원노	고 故	도 逃	실제노	원비	고 故	도 逃	실제비	성별 미상	고 故	도 逃	실제 미상	실제 노비수
1	1663	72	7	13	52(49.0%)	67	7	9	51(48.1%)	3	0	0	3(2.9%)	106
2	1666	72	7	4	61(48.4%)	75	13	4	58(46.0%)	8	1	0	7(5.6%)	126
3	1669	90	17	7	66(55.0%)	73	13	6	54(45.0%)	14	13	1	0	120
4	1679	88	5	3	80(55.9%)	84	18	3	63(44.1%)	5	3	2	0	143
5	1690	109	8	4	97(55.2%)	97	14	4	79(44.8%)	2	0	2	0	176
6	1738	137	39	4	94(50.8%)	126	40	4	82(44.3%)	17	6	2	9(4.9%)	185
7	1750	129	33	5	91(43.9%)	127	24	3	100(48.3%)	19	2	1	16(7.8%)	207

9 김영나, 「17-19세기 병산서원 노비의 존재양상」, 『대동한문학』 67, 2012.

8	1757	110	38	10	62(43.9%)	126	48	7	71(50.3%)	11	3	0	8(5.8%)	141
9	1762	90	28	3	59(39.0%)	113	22	4	87(57.6%)	6	1	0	5(3.4%)	151
10	1841	100	12	0	88(53.6%)	79	9	0	70(42.6%)	6	0	0	6(3.8%)	164
11	1853	48	10	1	37(56.1%)	36	6	1	29(43.9%)	0	0	0	0	66

위 표에서 보면 병산서원 노비는 18세기 중반을 기점으로 해서 상당한 변화가 있음을 확인할 수 있다. 즉 도망 · 고故 및 속량贖良 · 방매노비放賣奴婢를 제외한 실제 노비 수에서 보면 1750년 노비안을 기점으로 해서 그 이전의 증가추세에서 감소추세로 전환되고 있음을 볼 수 있다. 아울러 18세기 노비안에서부터 그 이전에 나타나지 않았던 노비속량, 방매 등이 나타나고 있고, 또한 노비도망, 고노비故奴婢가 증가하고 있음이 확인된다. 이렇게 볼 때 병산서원은 여타 양반가문과 비슷하게 이 시기를 기점으로 해서 사회 경제적 기반에 변동이 온다고 보여진다.

병산서원 노비는 설립 당시 여타 서원과 마찬가지로 약 10-20여 구 정도였다고 추정한다면, 17세기 중반 이후에는 100여 구에서 150구, 18세기에는 207구까지 증가하였다가 19세기에는 66구로 줄어들었다. 병산서원 원노비 증감에 있어서 가장 기본적인 형태는 노비의 확대 재생산에 의한 자연증가와 도망 · 고노비의 증가에 있었다.

서원은 이들 소유노비를 각종 사역使役 및 생산활동에 이용하기도 하였지만 대부분은 신공(몸값)을 받았다. 병산서원 노비 신공에 관한 기록은 1666, 1669년 노비안 2건뿐이다. 그러나 이 2건의 노비안은 난시 공납貢納의 유무만 기재되어 있어서 그 구체적인 양상은 알 수 없었다. 대체로 노老 · 약弱 · 도망 · 고노비 등을 제외하면 모든 노비가 신공 납부 대상인 것으로 확인된다. 이들은 현존 노비의 각 46.3%, 49.5%로 나타난다. 1841년 노비안에는 구체적인 신공액과 물품들이 기재되기도 하는데, 물품은 돈, 종이, 생닭, 돗자리 등이었다.

한편 노비안에 나타나는 노비 거주지의 분포형태를 보면, 서원의 영향력이 타관他官에 거주하는 노비에 비해 상대적으로 많이 미칠 수 있는 원저院底 · 안동부 내의 노비가 17, 18세기 전시기에 걸쳐서 약 70%로 압도적으로 나타난다. 또한 타관 거주지는 17세기 중반의 상주 · 풍기 · 영주 지역에서 17세기 후반, 18세기로 오면서 봉화 · 용궁 · 영양 · 의성 · 군위 · 칠곡 · 문경 및 타도의 충주 · 강릉 · 원주 등으로 확대되고 있다. 병산서원 노비의 타관으로 이거移居의 주된 원인은 혼인 내지 도망노비로 거주지가 확인된 경우이다. 이렇게 볼 때 병산서원은 18세기 초까지는 비교적 소속 노비에 대한 관리체제가 잘되고 있음을 확인할 수 있으며, 한편으로 타관의 범위가 확대되는 만큼 원노비에 동요가 일고 있음을 알 수 있다. 전반적으로 18세기 이후 이러한 원노비 관리는 효과적으로 이루어지지 못하고 있었다. 이는 17,18세기 노비안을 비교해보면 17세기 노비안에서는 나타나지 않았던 노비속량 · 방매, 확인 불가능한 노비가 18세기 이후 상당수 나타나는 것에서 알 수 있다. 특히 이들 노비의 대부분이 타관에 거주하는 노비였다는 데서 이들 노비의 관리가 쉽지 않았음을 알 수 있겠다.

2) 서원전

서원전은 국가의 '우문흥학右文興學' 정책에 부응하여 향촌 내 재지 사족들의 자제를 교화한다는 서원설립의 목적에 따라, 이들 원학지사願學之士를 공궤供饋하기 위해 학전學田으로 설립되었다. 이러한 서원전의 확보는 서원에서 자체적으로 마련하는 것이 원칙이었으나, 서원이 교육기관이라는 점에서 국가 또는 지방관에 의해 획급되는 경우도 적지 않았다.

초기 서원의 서원전 확보상황은 16세기 중반 안동의 역동서원 토지

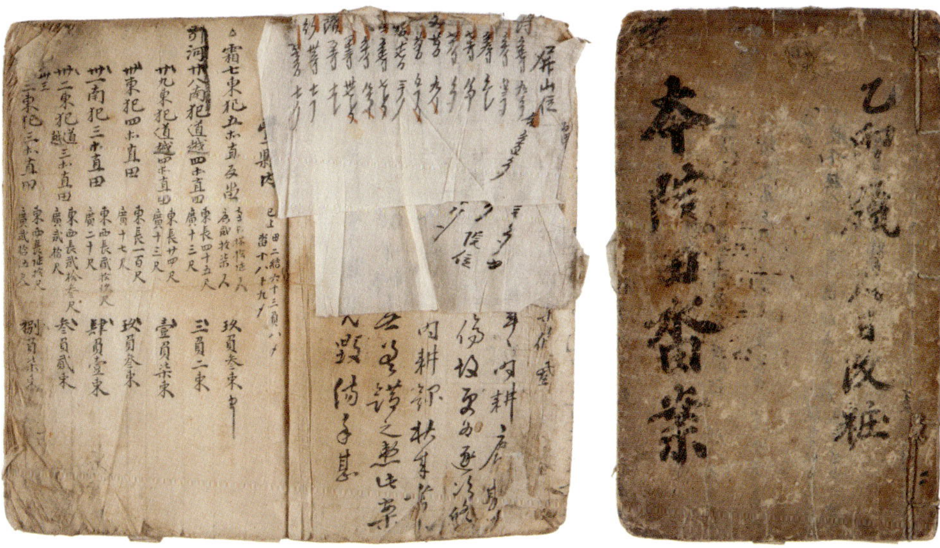

『본원전답안』(한국국학진흥원 소장 - 풍산류씨 서애파문중, 병산서원운영위원회 기탁자료)

문서에서 보면 그 대체적인 경향을 짐작해 볼 수 있다. 이 토지안에서 보면 서원전의 유형으로 사사위전寺社位田(35%), 속공전屬公田(23%), 면역전免役田(14%), 원입전願入田(12%), 매득전買得田(14%), 상환전相換田(1%) 등이 나타난다. 여기에는 원입전 · 매득전 등 서원 자체에서 마련한 것도 있지만, 특히 속공전 · 사사위전이 가장 큰 비중을 차지하고 있다. 속공전과 사사위전은 지방관이 획급한 토지로서 그 규모는 각 서원에 따라 차이가 있었지만 초창기 서원에 있어서는 일반적인 현상이었다. 병산서원도 전신인 풍악서당 때 지역 사회에서의 교육 진흥에 대한 공을 인정받아 조정으로부터 토지를 하사받았다.[10] 이때 받은 학전은 미흘사彌屹寺 위전位田이라 한다.[11]

병산서원의 경우 설립 초기 서원전 확보와 확대과정 및 규모에 대해서는 자료가 없어 알 수 없다. 여기서는 18세기 중반 병산서원의 전답 규모를 파악할 수 있는,『건륭 27년(1762) 병산서원전답안』을 검토한다. 이를 소재지별로 분석 정리해 보면 다음 표와 같다.

10 『永嘉誌』 卷4, 書院.

11 『惟一齋實紀』, 〈上府伯權草澗〉.

〈표-2〉 1762년 병산서원 전답안 분석표

소재지 / 구분	풍현내 豊縣內	대천월大川越 사비원원 沙飛院員	고도원 孤島員	적지赤旨	현내보縣內補	고도孤島 (관둔원官屯員)	풍서豊西
전	2-63-8	1-54-5	14-87-6	2-26-1	5-16-5	2-74-9	0-47-1
답	0-18-9						1-81-9
합	2-82-7	1-54-5	14-87-6	2-26-1	5-16-5	2-74-9	2-29-0
소재지 / 전답	**풍남豊南**	**풍북豊北**	**서선西先**	**남후南後**	**감천서면유점 甘泉西面鍮店**	**합**	**현내縣內**
전	1-2-4	0-5-9		0-3-8	3-66-0	34-46-6	
답	1-12-3	0-33-0	0-8-8		1-90-0	5-38-7	0-17-7
합	2-14-7	0-38-9	0-8-8	0-3-8	5-56-0	39-85-3	0-17-7

※ 단위: 결結-부負-속束
실제 등재된 전답 수와 약간의 차이가 있으나 말미에 기록된 전답 수를 기재하였다.

위 표에서 보면 18세기 중엽 병산서원의 전답 규모는 약 40결 정도였음을 알 수 있다. 이는 소수·옥산·도산·도남道南·도동서원道東書院 등 영남의 대표적인 서원의 18-19세기 서원전의 규모가 20~30결 정도였던 점과 비교하면 조금 규모가 큰 편이다. 서원전의 분포지는 여타 서원과 마찬가지로 서원 소재지인 안동 일대에만 분포되어 있다. 당시 서원들은 서원전 확대에 있어서 원처전답遠處田畓보다는 서원소재지를 중심으로 하였으며 실제로 이들 서원의 매득전답은 본읍本邑에 집중되고 있음이 확인된다. 병산서원 서원전의 경영방식은 구체적으로 알 수 없지만 19세기 중반에는 대체로 원노비들이 담당하였다.[12]

이러한 서원전은 향교전과 마찬가지로 학전學田으로 설립됨으로써 면세규정이 없었던 초기에도 일반적으로 사액서원에 한해서는 서원전 소재 지방관의 명으로 면세되는 것이 상례였다. 이는 지방관과 서원과의 관계, 즉 서원설립에 있어서 지방관의 도움이 크게 작용하였으며, 서원설립 이후에는 서원을 중심으로 하는 재지사족과 수령과의 상호연관 하에 향촌사회가 장악되는 것과 연관이 있었다. 따라서 지방관과의 관계가 악화될 때는 면세지 확보가 쉽지 않았다.

이후 시대가 진전되면서 서원전의 규모가 점차 확대되고 또한 서원이 수적으로 급격히 증가하게 되면서 면세전은 더욱 확대되어 갔다. 이는 국가재정 수입의 감소와 직결되는 문제로 국가에서도 어떻게든 해결하지 않으면 안되었다. 서원전 면세에 대한 논의는 경종 연간에 와서 본격적으로 논의되기 시작하여 영조 대에 사액서원은 3결, 미사액서원은 무면세로 확정되었다.[13] 따라서 사액서원이라 하더라도 이 한계를 넘는 토지에는 세금을 부과하고 또한 토지 규모가 3결에 미치지 못하더라도 민결民結로서는 충당하지 못하게 하였다. 그러나 실제로는 서원의 영향력의 정도에 따라 국가 또는 지방관에 의해 3결이 넘더라도 그대로 면세되는 경우가 많았다.

이 전답안에서 특히 주목되는 것은 19세기 영남사족들의 최대 향전인 병호시비의 경비로서 1855년(철종 6)에 풍남소재 전 6부, 답 80부 1속이 방매되고 있다는 사실이다. 당시 서원은 소속 사림의 개별적 집단적

12 『院案要覽』 참조.

13 『書院謄錄』 6책, 景宗 1년 5월 25일조, 『續大典』 戶典, 學田條.

행동인 유회, 유소儒疏 · 상소 시에 물력의 일부를 보조한 것으로 나타난다. 이렇게 본다면 당시 서원의 경제적 기반 확보는 유림들의 공동의 이해관계와 직결된다고 볼 수 있겠다.

병산서원은 토지 · 노비 외에도 현재 문서로 확인할 수는 없지만 여타의 서원과 마찬가지로 다양한 경제적 기반을 갖고 있었다. 병산서원에는 피역을 목적으로 서원에 투속한 원속이 있었다.[14] 1841년에 원생가속院生假屬 42명, 본촌가속本村假屬 13명, 1853년에는 원생가속 19명, 본촌가속 9명을 보유하고 있었다. 1853년의 원생가속 19명과 본촌가속 9명은 모두 1841년 안案에 기재된 사람이다. 이렇게 볼 때 병산서원 원속은 10여 년 사이에 그 숫자가 줄었음을 알 수 있다. 이는 19세기 중반에 여타의 서원에서도 마찬가지 현상이었다. 이들 원속은 서원 측에 일정한 경제적 부담을 담당하였는데, 1841년 「원생가속안」에는 제안除案, 노탈老頉, 승僧 등이 기재되어 있기도 하고, 그렇치 않은 원생 중 7명은 문文 5전씩을 납부하였다.

『원안요람』에는 이외에도 다양한 경제관계 기록들이 있다. 병산서원은 인근의 중대사中臺寺[15]를 속사屬寺(소속사찰)로 보유하고 있었다.

> 중대사는 비록 본원의 속사로 일컬어지지만, 조정에서 획급한 것이 아니니 마땅히 관가 요역에 응해야 한다 서원에서는 마땅히 잘 다독이고 역을 줄여

14 『院案要覽』「院生假屬案」, 「本村假屬記」(『고문서집성』 20, 병산서원편, 24~25쪽, 49~50쪽).
15 『嶠南誌』, 安東, 寺刹條. "풍산현 북쪽 五赤山 남쪽에 있다. 류성룡의 詩…".

서 원망하는 마음이 생기지 않도록 해야 한다. 봄·가을 향사 때의 채소는 전에 비해 두斗 수를 줄여준다. 가을과 겨울에 종이 뜨는 것이 거의 100속에 이르는데, 회가灰價나 수공手功을 지급하는 예가 원래부터 없다. 따라서 승려들이 원망하는 뜻이 없지 않다. 마찬가지로 닥나무를 줄 때에 콩이나 곡식 7두를 내어준다.[16]

속사는 초기 서원에서는 일반화된 제도로서, 사원이 사역寺役의 일환으로 그들의 소속처에 수요물자를 담당하는 것을 말한다. 이들 사원은 서원에 소속됨으로써 관으로부터의 제 잡역을 면제받고 그 대가로 서원 내의 역役 또는 일정한 경제적 부담을 하였다. 일반적으로 속사는 서원 내 간역刊役 및 서원 소용의 지지紙地는 물론이고, 서원소용의 현물을 납부하였다. 그러나 속사의 승역 면제는 쉽지 않았다.

병산서원의 경제력은 이러한 확대 요인에도 불구하고, 17세기 후반 이후 넉넉하지는 않았다고 보인다.

본원의 타작은 감천에서 항시 납부하는 것이 90석이고, 각처에서 거두어들이는 것이 수백 석이 된다. 그럼에도 언제나 거재와 향사에 비용을 충당하지 못하여 마침내 계책을 세우지 못할 정도에 이르렀으니 극히 괴이하고 이상한 일이다. 그 이유를 살펴보면 전적으로 고임庫任에 제대로 된 사람을 얻지

16 『고문서집성』 20, 병산서원편, 『屛山書院記事』「院中可行條件」, '院事節目' 86쪽.

> 못한 탓이다. 서원 재산으로 자기 자신을 살찌우지 않으면 마치 물 쓰듯 남용하고 과외로 비용을 낭비하는 것이 이루 말할 수 없다. 새 쌀이 나오려 하면 그 다과를 헤아리지 않고 창고를 다 기울여 한 가마니의 남김도 없게 한다. 만약에 흉년을 만나면 동서로 돈을 빌리고, 조금 빌려 많은 돈을 갚으니 일 년 거두어들인 것은 다 보상으로 소진되어 버려 서원의 쓰임이 궁핍하게 되고 고갈되는 것이 어찌 그러하지 않겠는가.[17]

여기에서 보면 병산서원 재정은 언제나 거재와 향사의 비용을 충당하지 못할 정도였다고 한다. 그 원인으로 고임이 서원 재정을 효과적으로 관리하지 못했기 때문이라 하였다. 그래서 병산서원은 일 년 재곡財穀의 쓰임새를 구체적으로 책정하여 관리하도록 규정하기도 하였다.

> 일 년에 수확하는 것이 대략 200석 내외다. 60석은 유생 공궤용으로 하고 재유사가 함께 계수를 검찰하여 원규에 따라 치부하도록 한다. 50석은 향사에 쓰이는 것으로 원장이 식집 감독하여 별도로 때에 맞추어 출급하도록 한다. 48석은 12삭朔 분향 시에 쓰이는 몫으로 매월 4석을 창고에서 출급하도록 한다. 40석은 별도의 일 년의 여곡餘穀으로 마땅히 이에 이르지 않도록 한다. … 월삭月朔의 사용분은 매번 월말에 회계하도록 하고 여분이 생기면 별상別上으로 기록한다. 부족하면 별상에서 가져다 사용하며 다음 달 몫에

17 『고문서집성』 20, 병산서원편, 『屛山書院記事』「院中可行條件」, 81~82쪽, 정순우, 『서원의 사회사』, 태학사, 2013, 96~101쪽 참조.

서 절대 끌어 쓰지 못하게 한다.[18]

대부분의 서원에서 보면 서원 경제력은 18세기 이후 뚜렷한 증가추세를 보이지 못하였다. 그 원인은 몇 가지가 있는데 하나는 일용경비 및 소회疏會시 비용, 회강會講 · 거접 · 독서유생의 접대비 등 매년 정기적으로 지출되는 경비가 계속 증가추세에 있었다는 점이다. 이외 서원 측의 상황에 따라 문집발간, 서원 · 향교 등에 부조, 서책무역, 전답 매득, 잡물구입비 등이 지출되기도 하였다. 특히 초창기에 건립된 서원의 경우 18세기중반 이후부터 본격화되는 서원 건물의 수리 · 중수 등은 개별 서원 차원에서 해결할 수 없을 정도의 막대한 비용이 소요되었다. 다른 하나는 채무자나 소작인의 경제사정 및 원노비 · 원속 등의 고 · 도망으로 이곡利穀, 소작료, 신공 등의 미봉未捧이 확대되었기 때문이다. 또한 초창기 서원의 경제력 확보에 크게 일조한 면세 · 면역 등 관의 지원이 18세기 이후 급격히 약화된 것도 서원 경제력 약화에 크게 작용하였다.

18 『고문서집성』 20, 병산서원편, 『屛山書院記事』「院中可行條件」, 82쪽.

사액과정

서원 사액은 교육기관으로서 관학인 향교와 동등한 위치를 국가로부터 공인받는 것일 뿐 아니라, 법전에 규정된 바 없었던 초기에도 서원에 소속된 토지와 원속院屬은 해당 지방관의 령令으로 면세·면역되는 것이 관례화되어 있었고, 또한 제수祭需가 관급되는 등 경제적으로 이점이 있었다. 실제로 후에 면세전免稅田이나 모입원생募入院生의 규모를 제정할 때도 사액서원과 미사액서원은 그 규모에 있어서 차이가 있었다. 따라서 서원은 창건되자마자 곧바로 청액운동을 하는 것이 일반적이었다.

초기 서원의 청액 과정은 서원유생이나 서원 소재지 지방관의 요청에 의해 감사가 청액하는 것이 일반적이었으며, 그 사액기준도 비교적 엄격하게 적용되었다고 보여진다. 이후 서원이 유향소·향교를 대신해 향촌사회에서 점차 중요한 역할을 하면서 각 지역마다 급격히 설립되자 사액의 기준도 일단 완화되었으나, 대체로 초창기에는 사액 문제가 각 정파 간의 정치적 목적에 의해 좌우되지는 않았다.

병산서원은 도산서원·호계서원과 더불어 예안·안동 일대의 수원首院으로서 사림들의 교육에 기여하는 한편 사림 공론의 중심지로 존재하며 막강한 영향력을 행사하였다. 하지만 병산서원은 높은 위상에도 불구하고 사액이라는 국가의 공식적인 인준은 19세기 중반에 이루어졌다. 이렇게 사액이 늦어지게 된 데에는 제향자인 류성룡이 남인의 영수였다는 정치적인 이유가 크게 작용하였다. 류성룡은 퇴계의 고제高弟로 선조대 중앙정계의 퇴계학파의 영수로 존재하였고, 동서·남북분당 시에는 서인·북인으로부터 붕당 발생의 장본인 또는 남인의 영수로 인식되고 있었다. 당시 집권세력인 북인 내지 서인의 그에 대한 이러한 인식

태도는 그를 주향으로 하는 병산서원에도 일정한 영향을 미쳤다.

광해조에는 그의 정적이었던 정인홍 일파가 이후에는 남인과 대결한 서인 내지 노론 일파가 집권하고 있었기 때문에 사액이 쉽게 이루어지지 않았다. 17-18세기 치열하게 전개된 정쟁 속에, 서원이 각 붕당의 지역 여론을 결집하는 구심처 역할을 하고 있었기 때문에 반대파의 극심한 견제가 작용할 수밖에 없었던 것이다. 특히 병산서원은 현종 연간 치열하게 전개된 예송논쟁의 중심지였기에 그 견제는 더욱 심할 수밖에 없었다.

병산서원의 적극적인 사액 추진은 특정 세력이 사실상 정권을 독점하고 있던 19세기 이후에 이루어졌다. 먼저 정조 24년(1800) 정광익鄭光翊이 서원의 사액을 청하는 상소를 올렸음이 확인된다.[19] 이를 시작으로 병산서원의 사액 논의는 지속되었는데 류성룡의 후손과 그 학통을 계승한 유학자 류규柳潅, 류이좌柳台佐, 정상리鄭象履 등의 활약이 두드러졌다. 이들은 병산서원의 사액과정에서 문제가 되는 사안들, 예를 들어 당시 서원 남설 때문에 금지하고 있던 첩설 문제에 대해 적극적으로 변론하는 등 사액의 분위기를 조성하는 데 힘을 기울였다. 그 결과 순조 32년(1832)에는 영남 유생 이순발李恂發 주도의 1,250인 연명 상소가 올라가게 되었다.

이후 잠시 소강상태였던 사액 청원은 철종 연간 다시 활발하게 일어났다. 여기에는 영남 남인으로 중앙에 진출해 있던 관료들의 역할이 컸다. 철종 4년(1853) 이황의 후손으로 1807년 문과에 급제 후 여러 관직을

19 조준호, 「19세기 병산서원의 賜額과정」, 2008년 한국서원학회 하계 학술세미나 『屛山書院의 歷史와 文化』, 2008, 참조.

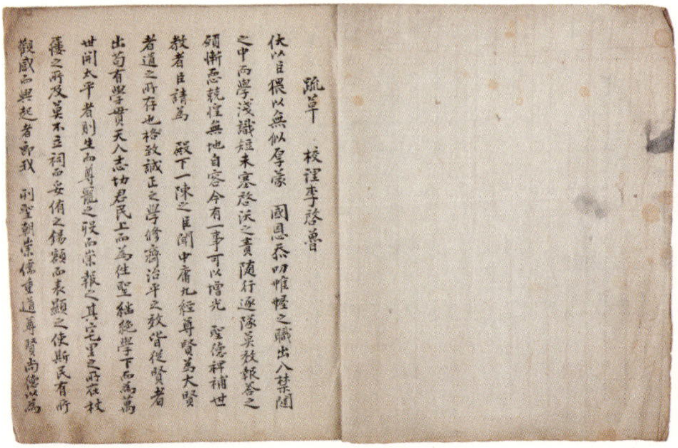

疏草　校理李啓魯

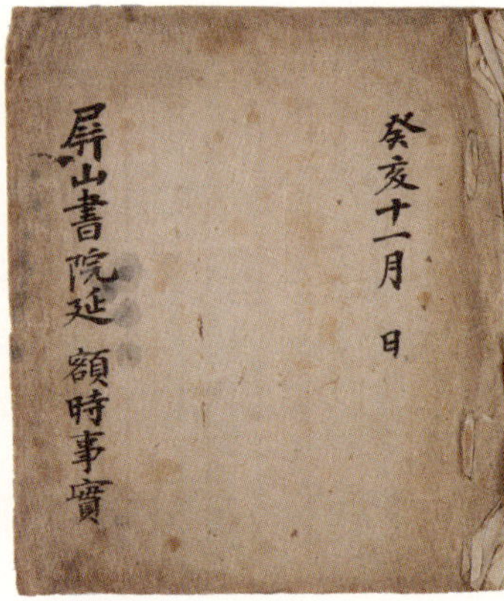

屛山書院延額時事實

癸亥十一月　日

『병산서원연액시사실』(1863년)(한국국학진흥원 소장 - 풍산류씨 서애파문중, 병산서원운영위원회 기탁자료)

역임했던 이동순李同淳이 사액을 요청하는 상소를 올렸다. 그의 상소 내용에서 주목되는 내용은 이황과 류성룡의 학통 전수 관계를 설정한 부분으로 "(퇴계의) 급문제현及門諸賢 중 문충공文忠公(류성룡)만이 실로 그 적전嫡傳이었다"라고 하였다. 이와 같은 논리는 이후 올려진 상소에도 그대로 적용되었다.

결국 철종 14년(1863)에 교리 이계로李啓魯가 다시 사액을 청하는 상소를 올리고 여기에 비변사에서 합당함을 회계回啓하였고 이어 국왕의 재가를 얻어 사액이 결정되었다. 그러나 곧이어 철종이 사망함에 따라 왕이 내리는 새로운 이름의 현판은 받지 못하였다. 사액을 통해 확립된 병산서원의 위상은 고종 8년(1871)의 전면적인 서원 훼철 때 존속한 47개 서원 · 사우 중 하나로, 안동에서 유일하게 존립한 서원으로 남게 되었다.(도산서원 소재지는 당시에는 예안이었다) 특히 여기에는 당시 류성룡의 후손으로 대원군 남인 등용의 상징적인 인물인 류후조柳厚祚의 역할이 컸다고 보여진다.

원규와 서원운영

1. 원규

각 서원에는 서원 운영의 기본원칙 등을 규정한 원규가 있다. 1717년 원장인 이협李浹의 기록에 의하면 재유사 등과 서원 내 서적書蹟을 열람하면서 「서원학규書院學規」를 발견하였다고 한다.[20] 이 「서원학규」의 발문에 의하면 병산서원 학규는 죽계(소수), 도산, 천곡서원의 학규를 근간으로 작성되었다고 한다. 여기에는 유사有司, 원사院士, 거업居業, 권과勸課, 방검防檢, 교제交際, 양현養賢, 수우修宇, 전복典僕 등 항목을 설정하여 조리있게 정리되어 있는데, 상자 속에 보관되어 있어서 아는 자가 드물었다고 한다. 그러나 현재 병산서원 원규는 따로 정리된 것이 남아 있지 않다.

따라서 병산서원 원규의 내용은 현재 그 전모를 확인할 수 없다. 다만 영천 임고서원 소장 문서인 『서원규범書院規範』과 1558년 류운룡에 의해 건립된 인동 오산서원吳山書院의 『오산지吳山志』 학규조를 통해서 내용의 일부는 파악된다. 이 두 서원 학규조는 원규를 제정 내지 보완하면서, 당시 영남의 대표적인 서원의 원규를 참고하기 위하여 각 서원의 원규 중 필요한 내용을 채록한 것이다. 여기에는 천곡川谷 · 이산伊山 · 병산 · 도산 · 금오서원金烏書院 등의 원규 및 『죽계지竹溪誌』 소재 원규 등이 발췌 기재되어 있다. 『서원규범』에서는 10개조로 나누어 수록하

20 『고문서집성』 20, 병산서원편, 『屛山書院記事』 「院中可行條件」, 81~87쪽; 정순우, 『서원의 사회사』, 태학사, 2013, 96~101쪽 참조.

였는데, 금오서원 2회, 죽계지 4회, 도산·병산서원이 12회, 전곡서원이 22회 수록되었고, 『오산지』에서는 학규를 11개조로 나누어 각 조에 여러 서원의 원규를 선택적으로 수록하였는데, 죽계지가 8회, 도산서원이 14회, 병산서원이 18회, 천곡서원이 24회 수록되었다.

『서원규범』의 '병산원규' 12조는 '유사' 2개조, '원사' 3개조, '양현' 3개조, '상정相正' 3개조, '전복' 1개조이고, 『오산지』의 '병산원규' 18조는 '유사' 3개조, '원사' 2개조, '거업' 2개조, '상정' 7개조, '양현' 3개조, '전복' 1개조이다. 두 '병산원규'를 비교해 보면, 『서원규범』의 12조는 『오산지』의 '병산원규' 18조에 모두 포함되어 있다. 다만 『서원규범』의 '병산원규' 중 '원사'의 2개조가 『오산지』의 '병산원규'에는 '거업'의 항목에 포함되어 있다.

또한 『오산지』 학규에서 설정된 '권과', '방검', '교제', '수우', '점서點書'에는 등재된 '병산원규'가 없다. 이는 임고서원의 『서원규범』과 『오산지』 학규는 '병산원규' 중 필요한 부분을 선별하여 수록한 것이기 때문이다. 1717년에 발간한 「서원학규」의 발문에 언급된 「병산서원 학규」에서는 『오산지』 학규에 수록되지 않았던 '권과', '방검', '교제', '수우' 등이 있다고 하였다. 따라서 『오산지』에 등재된 18조를 '병산원규' 전체라고 볼 수는 없다. 그러나 일부 채록되지 못한 내용이 있다고 하더라도 큰 틀에서 중요 내용은 파악할 수 있다고 판단된다. 『오산지』의 '병산원규' 18조를 정리해 보면 다음과 같다.

〈유사〉

각기 상·하유사를 감당할 만한 사람을 천거하여 그 이름을 한 장의 종이에 이름을 늘어 적은 뒤 권점圈點한다. 점의 수가 가장 많은 자를 상유사로 삼아 서원 안의 여러 일을 주관하게 하고, 하유사는 미포米布의 출납과 공궤供饋, 염산斂散, 타작打作 등의 일을 주관하도록 한다. 모든 일은 반드시 원장께 보고한 뒤 시행한다.

상·하유사는 원중院中에서 적임자를 선택하여 정하는 것은 본래 문제가 없다. 서원 역시 국학이니 직책을 교대할 때 독자적으로 원중에서 처리하는 것은 사체事體가 사문에서 서로 금속하는 일을 중하게 여기지 않을 뿐만이 아니라, 관가에도 전혀 알지 못하여 자못 통섭하여 유지하는 뜻이 없게 됩니다. 게다가 염피厭避에 사사로움에 치우쳐 무리를 지어 편의대로 하는 폐단이 없지 않습니다. 교체하는 해 봄 석전 때 상·하유사는 선비들 중에 감당할 수 있는 사람을 단자로 천망薦望하여 상유사가 종이 한 장에 나열해 써서 두루 권점을 받아 권점이 가장 많은 사람을 망기望記를 갖추어 관아에 보고해 차정差定한다. 뜻밖에 체직을 당한 사람도 이와 같은 예로 차정한다.

하유사가 인계(전장傳掌)할 때에는 반드시 새로 차정된 사람과 입회 하에 계수計數하여 관에 보고하도록 하고, 문서로만 인수인계하는 것은 불허한다. 만일 수량이 축난 것이 있으면 그 수를 채워 넣은 다음에야 교체를 허락한다. 그 중에 만약 태만함이 너무 심하여 직무를 살피지 않아 전곡錢穀이 많이 부족한 데도 즉시 채워놓지 않는 자가 있으면 유사가 관에 보고하여 죄를 다스리고 계산하여 징수한다.

〈원사〉

무릇 서원에 들어온 유생들은 재회齋會에서 각자 받아들일 만한 사람을 추천한다. 나이가 어리나 학문에 뜻이 있으며 행실에 오점이 없고 장래성이 있는 사람을 그 이름을 적어 놓고 권점하여 취한다.

만약 어진 스승과 훌륭한 벗으로 가히 학문을 강론할 만한 자가 있으면, 반드시 간절히 청해 서원으로 모셔와 의문나고 어려운 점을 물으면 깨우침을 주는 스승이 된다.

〈거업〉

여럿이 있을 때에는 무엇보다 용모를 단정히 하고 삼가고 절제하도록 하여 의리를 강마講劘함으로써 이택麗澤(학우가 서로 도와서 학문과 덕을 닦음)에 도움이 되도록 힘써야 한다. 제생은 매 강론의 여가마다 잡스러운 일로 희롱하며 놀아서는 안되며 수시로 관례, 혼례 및 사상견례士相見禮·투호·향음의 의식을 강습함으로써 옛사람들이 제사를 지내고 예를 차린 뜻을 살펴야 한다. 서로 담론할 때에도 세간의 음담패설과 사리사욕에 관계된 일을 거론해서는 안되며 오직 의리와 고금 인물의 현부賢否·치란治亂의 득실, 문장의 고하만을 강론함으로써 견문을 넓여야 한다.

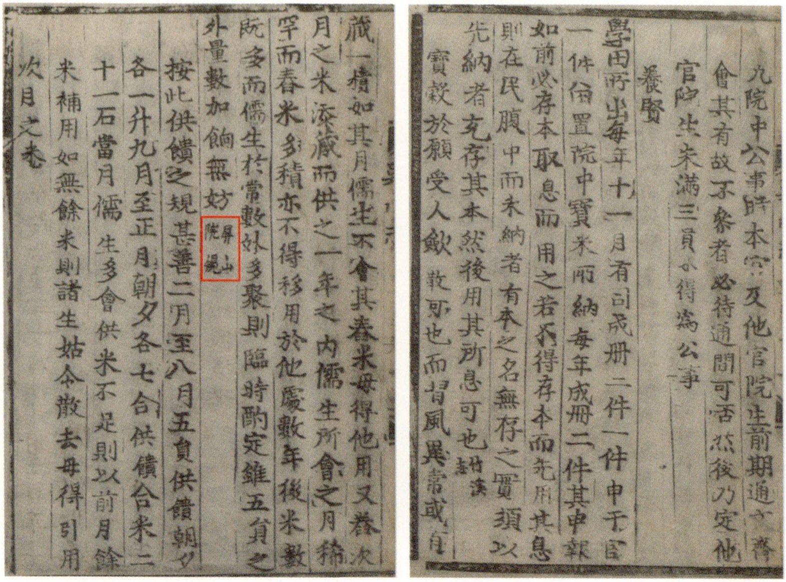

九院中公事時本官及他官院生前期通文齊
會其有故不參者必待通問可否然後乃定他
官院生未滿三員不得爲公事

養賢

學田所出每年十八月有司成冊二件一件申于官
一件留置院中寶米所納每年成冊二件其中報
如前必存本取息而用之若不得存本而先用其息
則在民腹中而未納者有本之名無存之實須以
先納者充存其本然後用其所息可也
實穀於賴受人斂散可也而胥風異當或[illegible]

藏一積如其月儒生不會其春米毋得他用又春次
月之米添藏而供之一年之內儒生所會之月稀
罕而春米多積亦不得移用於他處數年後米數
既多而儒生於常數外多聚則臨時酌定雖五員之
外量數加餉無妨 寺山院規
按此供饋之規甚善二月至八月五員供饋朝夕
各一升九月至正月朝夕各七合供饋合米二
十一石當月儒生多會供米不足則以前月餘
米補用如無餘米則諸生姑令散去毋得引用
次月之米

『오산지』(1590년)(국립중앙도서관 제공)

회강會講할 때의 표정은 단정하면서도 엄숙해야 하고 여럿이 있을 때의 표정은 온화하면서도 장중하게 하여야 한다. 윗사람의 우열을 품평하거나 남의 글을 헐뜯어서는 안된다. 고을의 정사나 동향 사람에 대해서는 선한 것만 말하고 잘못은 말하지 않는다.

〈상정相正〉

만약 사사로이 잘못된 사람이나 무뢰한 부류들을 함부로 들여 학당에 폐를 끼치는 일이 있어서는 안 되며, 심한 경우에는 서원에서 쫓아내고 다시는

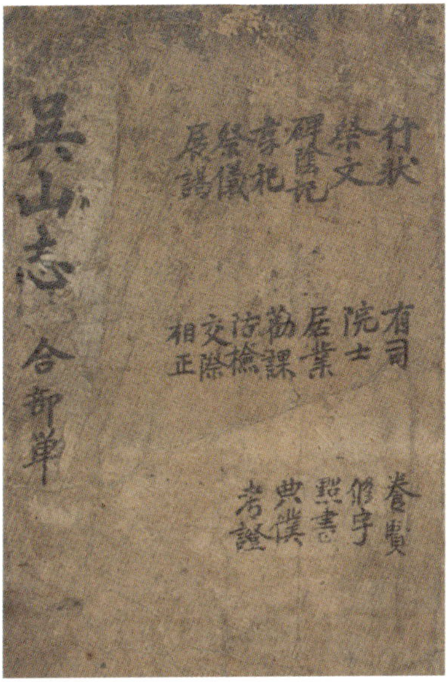

들어오지 못하게 해야 한다.

여러 유생 중 만약 독서에 힘쓰지 않고 날마다 드나들며 직접 물고기를 잡고 사냥하고 제멋대로 잡기를 일삼는 자가 있으면 가벼운 경우는 면책하고 중한 경우는 손도損徒한다.

원생과 유사와 마을의 한잡閑雜인이 유람을 빙자하여 출입하여 어지럽게 해서는 안된다. 원생은 금지할 수 없지만 같이 동유同遊한 자는 손도損徒하고 더불어 서원 일을 의논한 자는 출黜하고 제어가 힘들면 관에 보고하고 유사가 단속하지 않으면 관에서 지쇠하고 교체한다.

행동거지가 위아래를 뛰어넘어 무례한 자는 가벼우면 대면하여 꾸짖고(면책面責) 중하면 손도한다.

함부로 다른 사람의 상자에서 사사로운 편지를 훔쳐본 자는 대면하여 꾸짖는다.

창문과 벽을 훼손한 자는 대면하여 꾸짖는다.

서원의 노비에게 폐를 끼치는 자는 손도한다.

〈양현〉

서원에 들어온 유생은 항상 5인을 기준으로 공궤한다. 공궤할 수를 통계하여 날마다 곡식을 찧어 별도의 상자에 보관한다. 만약 그달에 유생이 모이지 않더라도 그 찧은 쌀은 다른 용도로 쓸 수 없고, 다시 다음 달의 공미에 보태 저장하였다가 공궤한다. 1년 내에 유생들에게 쓰는 달이 적어 비축미가 많이 쌓여도 다른 곳에 전용해서는 안된다. 수년 후에 공미의 숫자가 많아지고 유생이 정한 수보다 많이 모이면 임시로 작정酌定하여 비록 5인을 넘더라도 인원을 헤아려 더 제공해도 무방하다.

찬가饌價는 1년을 통틀어 잡곡으로 30석을 넘어서는 안된다. 매달 2석 5두를 사용하고, 매달 점검하여 별도로 저장해 두었다가, 유생이 많이 모이는 달에는 공미의 예에 따라 변통하여 다른 용도로 쓴다.

상·하유사와 외부의 빈객으로 무시로 출입하는 사람에게는 유생에게 쓰일 공미를 사용할 수 없다. 그것으로 인해 어지럽게 된다면 수를 헤아려 쌀을 찧어서 불시의 수요에 대비하는 것을 허락한다. 이 경우에도 분명하게 수를 계산하여 장부에 적어 훗날의 점고에 증빙 서류로 삼도록 한다.

〈전복〉

무릇 서원의 하인에게 죄가 있으면 반드시 원장과 유사에게 고하여 치죄한다.

2. 원임

서원을 운영하는 실질적인 책임자는 '원장院長-유사有司' 등 원임院任이다. 원임의 구성은 지역 · 당색 및 각 서원의 제반 조건에 따라 차이가 있다. 특히 당파의 분립이 본격화된 후에는 원임의 구성 및 그 자격 · 임기 · 임무, 입원생의 자격 등에 차이가 있었다. 영남 남인계 서원의 경우는 원임은 소수서원 건립에서부터 '원장-유사'체제로 이루어졌다.

먼저 병산서원『원임안』에 나타난 원임의 구성을 보면 초기에는 '상 · 하유사', '도유사 · 재유사'로 되어 있다가 이후 원장제院長制의 신설로 '원장-유사'체제로 분화되었다고 보여진다. 영남지역 서원의 경우 퇴계의 이산서원伊山書院 원규를 보범으로 함으로써 초기에는 대체로 원임을 '상 · 하유사'로 규정하고 있었으나, 이후 서원제도가 정착되어 가면서 '원장 · 유사' 체제로 그 직무가 분화되어 나갔다고 보인다.[21]

원장은 대외적으로 서원을 실질적으로 대표하며 또한 서원 내의 대소사를 관장하는 위치에 있는 '일원지장一院之長'이다. 따라서 그 직임을

21 졸저, 「병산서원 운영의 주체들, 원임과 원유」, 『병산서원』, 한국학중앙연구원, 2019, 305~312쪽.

가볍게 교체할 수 없으며 모든 원유院儒는 마땅히 존경하여야 하는 자리이다. 원장의 선출은 서원이 어디까지나 사립 교육기관이라는 점에서 서원 내 유림들이 자율적으로 선출하였다. 병산서원 원장의 자격규정은 구체적으로 알 수 없지만 여타 영남 남인계 서원과 동일한 양상이었다고 보여진다. 영남 남인계 서원의 경우 원장은 소수서원의 "학문에 종사하고 믿음직하며 신망이 있는 자 중 한명을 원장으로 한다業文信愼者一人爲院長"는 규정이 제정된 이래 그 내용에 있어서 약간의 차이는 있으나 대체로 이 규정이 그대로 통용되고 있었다. 도동서원에서도 "여러 사람이 높이 받들고 복종하며 한 뜻으로 공경하고 신의가 있는 자衆所推服一意敬信者"로 선출하다고 하였다.

원장은 서원의 제반사를 총책임지고 있다는 데서 대체로 향중鄕中의 인사로 선출되었다. 영남 남인계 서원의 경우 원장은 대체로 현직관료는 많지 않고 대부분 생원 · 진사 · 참봉 · 유학幼學 및 전직 하급관료 출신으로 향촌사회 내에 명망있는 인사로 선출되었다. 이중 유학이 절대다수를 차지한다. 이는 인조반정 이후의 집권 서인 · 노론계 서원이 중앙권력과 연결되면서 원장은 고위관료로 추대하는 것과는 다른 양상이었다. 병산서원도 이러한 영남 남인계 서원의 특징을 보여주고 있다.

병산서원의 『원임록』에서 보면, 17-18세기와 19세기가 좀 다른 양상을 띠고 있다. 17-18세기 『원임록』을 관직별로 분석해 보면 현직 지방관 및 관료로서 임명되는 경우는 없고 유학 · 생원 · 진사가 압도적인 가운데 전직 지방관 · 하급관료 등이 임명되고 있었다. 이 같은 현상은 영남 남인이 인조반정 이후 중앙정계에서 점차 배제되면서 재야세력으로 밀

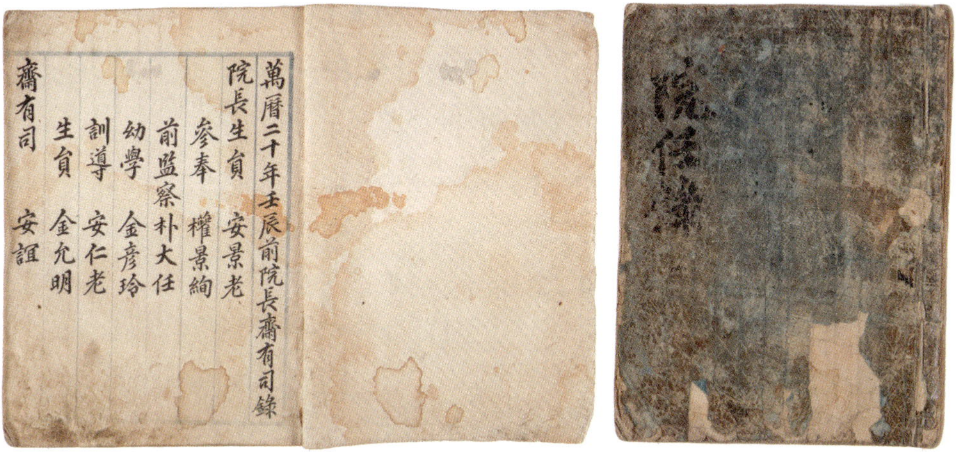

萬曆二十年壬辰前院長齋有司錄
院長生員 安景老
參奉 權景絢
前監察朴大任
幼學 金彥琀
訓導 安仁老
生員 金允明
齋有司 安誼

院任錄

『원임록』(1592년)(한국국학진흥원 소장 - 풍산류씨 서애파문중, 병산서원운영위원회 기탁자료)

리고 있는 당시 정치상황과 무관하지 않았다고 생각되나, 기본적으로 퇴계 이후 영남 남인들의 사림의 향촌자치제로서의 서원에 대한 인식에서 비롯되었다고 보여진다. 이는 류성룡 문인으로 병산서원 창건의 주역이었던 정경세 · 이준李埈 등이 인조반정 이후 현직 중앙관료로 있었지만 원장에 임명되지는 않았다는 점에서도 알 수 있겠다.

한편으로 병산서원 원장으로 전직 하급관료(지방관)가 많이 선출되고 있었는데, 이는 이들이 향촌 내 일향대부一鄕大夫로서 위치를 차지하고 있었다는 데 일차적인 요인이 있겠지만, 조선왕조와 같은 중앙집권적 관료제 사회에 있어서는 비록 향촌사회라고 하더라도 관직이 상당히 중요한 의미를 가지는 것과 무관하지 않다. 영남 남인계 서원은 향촌자치제를 지향했지만 서원의 효과적인 관리 운영을 위해서는 중앙 또는 지방관과의 연결이 필수적이었다. 퇴계도 서원의 독자성을 강조했지만 경제적 문제 등에 있어서의 지방관의 역할을 강조한 바 있다. 이렇게 볼 때 17세기 이후 중앙정계에서 고급관료를 거의 배출하지 못한 영남 남인계 서원의 경우 원장을 인맥 · 학맥 · 지연을 통해서 유력인사를 추대하거나 또는 전직관료로 선출함으로써 관과의 관계를 좀 더 원만히 하고자 했다고 볼 수 있다.

병산서원『원임록』에 있어서 또 하나의 특징은 원장은 대부분『입원록』에 입록入錄된 인사 중에서 선출되고 있다는 점이다. 즉 입원생 중 빠르면 10년 이내 늦으면 몇 십년 후에 원장으로 선임되고 있으며 유사의 경우도 동일한 양상이었다. 이와 같이 입원생에 한해 허임許任하는 것은 영남 남인계 서원에 있어서 하나의 규례였다. 이와 같이 원임이『입원록』에 등재된 인사 중에서 선출된다는 것은 서원 운영에 있어서의 자치적 성격의 일 단면을 반영한 것이며 또한 그렇게 함으로써 원사院事를 효과적으로 운영해 나갈 수 있는 이점이 있었다. 그러나 한편으로는 입원생이 대개 일향의 유림이었다는 점을 감안한다면 서원의 존립 및 발전을 위한 중앙정부와의 관계에 있어서 취약성을 나타낼 수도 있다. 병산서원 원장은 학연 · 혈연 관계로 상주 · 영해 · 예안 등 인근지역 사림인 정의묵鄭宜默 · 이재李栽 · 이진동李鎭東 · 이우李㙔 등으로 임명되는 경우도 있었으나 대체로 안동지역 사림이 중심이 되었다.

영남 남인계 서원의 '원장-유사' 체제를 중심으로 한 서원 운영은『원임록』상에서 보면 초기에는 나름대로 일정한 정제定制를 가지고 있었다고 보인다. 그러나 점차 시간이 지나면서 상당한 변화 양상을 보이는

데 그 특징은 원장에 현직관료의 선출이 두드러지게 나타나고 또한 원장의 임기가 단축되고 있다는 점이다. 다만 변화의 양상이나 그 시점은 각 서원의 형편에 따라 다소 달랐다. 영남 남인계의 대표적인 서원의 경우에서 보면 대체로 18세기부터 그 변화의 조짐이 보이기 시작하다가 19세기에 오면 현저해진다.

병산서원도 19세기에 오면 17, 18세기와 동일한 양상을 띠고 있는 가운데, 순조 30년(1830)을 기점으로 해서 다수의 현직 지방관 또는 관료가 원장으로 임명되고 있었다. 구체적으로 살펴보면 유학 100, 생원 · 진사 12, 전직 지방관 · 관료 31, 현감 3, 군수 5, 부사 2, 대사간 1, 호군 1, 통정 8, 참서參書 1명으로 나타난다. 이는 서원의 성격이 19세기에 와서 변화하고 있음을 보여준다. 즉 이 시기에 오면 서원의 향촌유림의 공동체적 내지 향촌자지제적 성격은 감소되고 서원의 유지 존립을 위해서는 관권과의 연결이 그 이전보다 더욱 절실해졌다는 것을 의미하는 것이다. 다시 말하면 세도정치하에서 그만큼 질적 저하를 가져왔다고 할 수 있는 것이다.

이러한 병산서원의 시대 진전에 따른 서원의 질적 저하는 원장 임기의 변화에서도 확인된다. 원장의 임기는 여타 영남 남인계 서원의 경우에서와 같이 대체로 1년-2년 또는 일기향사一期享祀 등으로 나타나고 중임 · 재임이 허용되고 있었다. 그러나 이를 시기별로 구분해보면 상당한 차이가 있었다. 17세기(1610~1699)는 원장의 수가 72명으로 평균임기는 1~2년, 18세기(1700~1799)는 150명으로 1년 미만~1년, 19세기(1800~1858: 1808~1826년 제외)에는 166명으로 평균 임기는 일기향사로 원장의 임기는 후대로 오면서 그 기간이 점차 단축되고 있다. 이는 당시 상당수의 노론계 서원 원장이 임기 종신제의 현직 고위관료로서 임명되며, 또한 여러 서원을 겸임하였다는 데서 일종의 명예직이었던 것과는 다른 양상이지만 어쨌든 시대의 진전에 따라 원장의 서원에 있어서의 실질적인 역할 수행이 점차 감소하고 있음을 나타내는 것이다. 즉 17세기까지는 원장제가 정상적으로 운영되었다고 할 수 있겠으나 18세기부터 그 기능이 점차 약화되었으며 19세기에 오면 원장의 직임은 서원을 실질적으로 주관하였다기 보다는 일종의 명예직의 성격이 강했다고 볼 수 있다. 이는 『원임록』 분석에서 원장으로 선출된 자 중 미행공未行公의 경우가 1773년(영조 49) 처음 나타나고 이어 19세기에서는 32번이나 나타난다는 데서도 구체적으로 확인할 수 있다.

병산서원 『원임록』에 나타나는 또 하나의 특징은 17세기 후반을 기점으로 원장으로 제향자 후손의 비중이 커졌다는 점이다. 대체로 17세기까지는 원장으로 예안이씨, 순천김씨, 풍산류씨, 안동권씨, 영양남씨, 풍산김씨, 의성김씨, 진성이씨 등 당시 안동을 대표했던 16개 성관이 선출되었으나, 18세기에 오면 풍산류씨(약 30%)에 집중되는 경향을 보인다. 19세기 오면 풍산류씨(약 40%)의 비중이 더욱 커지고 특히 풍산류씨 중 제향자의 후손인 서애파(류성룡의 후손)의 비중이 더욱 커졌다. 19세기 병산서원 원장은 풍산류씨 서애파 중심으로 운영되었음을 알 수 있다. 한편 병산서원 원장을 역임했던 인물 가운데 도산서원 원장을 역임했던 인물은 30명이다. 이 가운데 예안 출신이 13명인데, 모두 진성이씨이다. 19세기 풍산류씨를 중심으로 운영되는 병산서원과 진성이씨를 중심으

로 운영되는 도산서원이 강고한 네트워크를 형성했음을 알 수 있다.[22]

이와 같은 현상은 18세기부터 서원이 이전까지의 향촌공동체적 성격에서 벗어나 점차 가문 중심적 성격으로 전환되고 있음을 나타내는 것이라 하겠다. 이러한 서원의 성격 변화는 이 시기 서원의 남설과 맥을 같이하는 현상이었다. 대체로 향촌공동의 서원에 공동으로 참여하던 각 가문이, 서원의 성격이 가문 중심으로 전환되면서 소외되자 자기 가문이 중심이 되는 서원을 설립하여 각 가문과 상호 대등한 관계를 맺고자 하면서 이 시기 서원이 급증하게 된 것이다.

안동의 경우 이러한 서원의 각 가문별 분립 현상은 여타 지역보다 심하였다. 안동부 최초의 서원은 퇴계 주향의 여강서원으로 예안의 도산서원과 거의 동시에 세워졌다. 이후 광해 12년에 퇴계의 두 고제인 류성룡·김성일의 배향이 이루어졌는데 그 위차位次는 서애의 문인인 정경세의 의견에 따라 '애학厓鶴(류성룡·김성일)'으로 정해졌다. 이 배향과 위차 문제는 처음에는 크게 제기되지 않았으나, 이후 위차 문제를 두고 병산서원과 호계서원 간에 심각한 분쟁이 있었다. 안동부의 원경지인 내성乃城 유림은 독자적으로 권벌權橃을 향사하는 삼계서원三溪書院을 설립하였고 이후 노림魯林·경광鏡光·주계周溪·청성青城·물계勿溪·묵계默溪·사빈서원泗濱書院 등이 17세기에 설립되고, 18세기에는 백록이사柏麓里社·타양陁陽·화천花川·고산서원高山書院 등이 설립되어 19세기 말에

22 김명자, 「조선후기 屛山書院 院長 구성의 시기별 양상」, 『韓國書院學報』 6, 2018.

호계서원(국가유산청 제공)

는 안동에 약 40여 개의 서원·사우가 설립되고 있었다.

병산서원은 18세기 중반까지는 소수이긴 하지만 여강서원 설립 이후 류성룡·김성일 간의 위차 문제로 갈등을 빚었던 의성김씨·전주류씨 등 가문의 김방걸金邦杰·김암金巖·이재李栽·이상정李象靖·류경시柳敬時·류승현柳升鉉 등 인사가 원장으로 임명되기도 하였다. 이러한 현상은 17세기 『입원록』에서도 확인된다. 따라서 순조조 이후 영남 4현賢(류성룡·김성일·정구·장현광) 문묘종사 상소를 계기로 안동유림을 양분하였던 이른바 '병호시비'는 이때까지는 향촌사회에 있어서 인적교류가 단절될 정도의 심각한 상태는 아니었던 것으로 보인다. 의성김씨의 대표적인 인물인 김흥락金興洛이 시비 이후 순조 32년에 원장으로 임명되기도 하였다. 또한 노론정권 하에서의 신출노론新出老論에 속하는 순흥안씨의 안연석安鍊石이 경종 1~2년(1721-1722)에 원장으로 임명된 것은 특이하다. 안연석은 병산서원뿐만 아니라 남인의 본산인 도산서원의 원장도 역임한 바 있었는데 이 당시 영남 남인계 서원의 경우 이러한 신출노론을 오히려 서원 운영 유지에 이용했다고 볼 수 있겠다.

3. 입원생

서원이 교육기관이었다는 점에서 볼 때 피교육자로서 원생은 서원을 구성하는 가장 중요한 인적구성으로 입원생, 유생 등으로 불리었다. 이들은 17세기중반 이후 피역인으로 서원에 투속한 원생과는 구분된다(이하 원생이라 함).

먼저 원생의 입원入院 규정을 보면 최초의 서원인 백운동서원 원규에 이미 구체적으로 언급되고 있다.

> 무릇 서원에 들어오는 선비는 사마司馬가 태학太學에 들어오는 것과 같이 하고, 그 다음은 초시입격자初試入格者로 한다. 비록 입격하지 못하였어도 한마음으로 향학向學하고 조행操行이 있어 들어오려고 하는 자는 유사가 사문斯文에 아뢰고 받아들인다.(『열읍원우사적列邑院宇事蹟』 백운동서원규)

이 원규는 주세붕 당시 제정된 것으로 여기에서 보면 생원·진사 또는 사마시의 초시입격자를 우선으로 한다고 하고, 향학열이 높고 조행이 있으나 초시 입격이 아닌 경우는 반드시 사문의 승인을 얻어 입원하도록 엄격하게 규정하고 있다. 이러한 엄격한 입원자격 규정은 당시 중앙관료들 사이에서도 그대로 인식되고 있었던 것 같다. 명종 11년(1556) 홍섬洪暹은 조강朝講에서 소수서원의 일을 언급하면서 "초시입격자가 아니면 불허한다"라고 한 바 있다. 이렇게 볼 때 초기 백운동서원은 원생의 수준에서 본다면 중앙의 관학인 성균관과 동일선상에서 말할 수는 없지만 그에 준하는 향촌교육기관으로 설립되었다고 할 수 있겠다. 그러나 소수서원 『입원록』(1543-1672)을 통해 원생의 입원 당시 상황을 구체적으로 살펴보면, 생진은 16% 뿐이고 대부분의 입원생은 유학층이었다. 이러한 현상은 입원생으로 사마시 합격자만을 대상으로 할 수 없었던 당시 향촌사회의 실정을 반영하고 있는 것이다. 당시 향촌사회의 사정은 생원·진사는 극히 제한되어 있었고, 사림의 숫자는 증가하는 추세에 있었던 것이다. 이러한

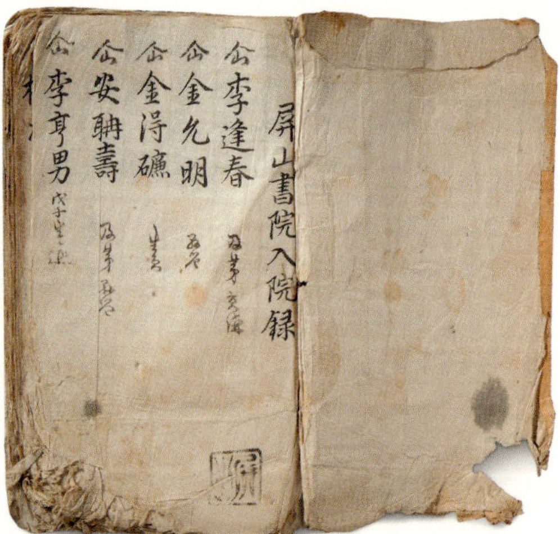

『입원록』(한국국학진흥원 소장 - 풍산류씨 서애파문중, 병산서원운영위원회 기탁자료)

사정은 여디 서원에서도 마찬가지였다.[23]

초창기 서원 보급운동을 주도하면서 조선에서 서원제도를 정착시켰던 퇴계는 이산서원 원규를 제정하면서 입원 자격을 엄격히 정했지만 백운동서원에서와 같이 생원·진사를 우선으로 선발한다고 규정하지는 않았다. 이는 서원은 과거준비의 기관이 아닌 참다운 수기와 학문의 실천도장이라는 퇴계의 인식에서 비롯된 것이다. 퇴계의 주관하에 건립된 역동서원이나 도산서원『입원록』에서 보면 서원 건립 초기에 생원·진사가 일부 나타나지만 그 후에는 거의 기재되지 않았다.「이산원규伊山院規」는 이후 경상도 지역 서원규의 모범이 되어, 16세기에 설립된 역동·도산서원 등 경상도의 대부분 서원들이 이를 기준으로 삼았다. 이렇게 볼 때 초기에는 서원 입원생을 입격入格과 학행의 두 기준을 가지고 선발하였으나, 점차 학행을 우선하는 기준이 일반적인 추세가 되어갔다. 그러나 서원이 교육기관으로서 향촌사회 사족들의 일생의 관심사였던 과거에 관심을 가지지 않을 수 없었다는 점에서, 입원생을 선발할 때는 입격천入格薦이라 하여 사마시 입격자는 바로 입록하는 것이 일반적 관행이었다.

먼저 병산서원『입원록』(1601년 이전-1653)을 연대별, 성씨별로 분석 정리해 보면 아래 〈표-3〉과 같다.

23 졸저,『朝鮮後期 書院硏究』, 일조각, 2001, 130~155쪽 참조.

〈표 3〉 병산서원 『입원록』 연대별 · 성씨별 분석표

연대 입원생수 성씨	1601년 이전	1601	1605	1607	1609	1616	1618	1621	1626	1630
李氏 眞城 · 固城 慶州 · 全義 韓山 · 禮安	15	4	4	4	3	3	6	2	8	5
金氏 安東 · 義城 光山 · 順川 善山 · 江陵	13	4	4	6	1	2	7	8	12	1
順興安氏	6			1	1		1		2	
安東權氏	17		1	6	1	2	5	4	5	
柳氏 豊山 全州	2	3	1		2	1	4		3	1
鄭氏 淸州 東萊	2		1		2			2	2	
南氏	2							1	4	
興海裵氏					1				1	1
平山申氏	2						1	1	2	
寧越辛氏	1									
漢陽趙氏	1									
平海黃氏					1					
卞氏					1					
礪山宋氏					1				2	
潘南朴氏							2	2	2	
奉化琴氏						1				
閔氏						1				
崔氏									1	
孫氏										
吳氏										
晋州河氏										
南陽洪氏										
丹陽禹氏										
미상						1	1			
합	61	11	11	17	14	11	27	20	44	8

연대 입원생수 성씨	1634년	1638	1639	1642	1643	1645	1650	1651	1653	合
李氏 眞城·固城 慶州·全義 韓山·禮安	1	10	4	4	13	1	2	5	8	102
金氏 安東·義城 光山·順川 善山·江陵	3	4	2	8	22	1	8	9	17	132
順興安氏	1			1	2		1	3		19
安東權氏	1	1	1	5	10			1	2	62
柳氏 豐山 全州	1	1	2	4	6	3	4	1	10	49
鄭氏 淸州 東萊		1	1		11		1	1	3	27
南氏		7		2	2	1	2	1	3	25
興海裵氏		1			1				2	7
平山申氏		2				1				9
寧越辛氏					1					2
漢陽趙氏										1
平海黃氏										1
卞氏										1
礪山宋氏		1								4
潘南朴氏					3		2			11
奉化琴氏										1
閔氏									1	2
崔氏										1
孫氏		1			2					3
吳氏		1						1		2
晋州河氏					1					1
南陽洪氏					1					1
丹陽禹氏									1	1
미상									1	3
합	7	30	10	24	75	7	20	22	48	467

위 『입원록』은 효종 5년(1654)까지만 기록되어 있고 또한 기재 방법이 단지 인명과 관직만을 기록하고 있어 시대별 변화상황 등 구체적인 분석은 불가능하다. 여기에서 보면 17세기 병산서원은 안동의 명문사족이 모두 참여하고 있었고, 『원임록』에서와 같이 이른바 병호시비의 호파虎派에 속하는 의성김씨 · 전주류씨 가문의 인사들이 다수 입원되고 있었다. 이렇게 볼 때 병산서원은 17세기 중반까지는 호계서원과 더불어 명실상부한 안동을 대표하는 안동유림의 집합소로서 역할하였다고 할 수 있다.

위 입원생에 대한 자격규정을 살펴보면 구체적으로 언급된 것은 없으나, 대체로 퇴계의 「이산원규」를 모범으로 하고 있었다고 본다. 백운동서원을 비롯한 일부 서원에서 사마시 합격자 및 초시 합격자를 우선순위로 한다고 규정하였지만, 위 병산서원 『입원록』에 기재된 총 467인 가운데 입원 당시 생원 · 진사로 확인된 자는 10여 명뿐이다. 이는 소수 · 역동서원에서와 동일한 현상이었다.

병산서원 원생의 입원 절차에 대해서는 원규에 "유생이 모두 모여 각기 받아들일 만한 사람을 추천한 뒤 연소하고 학문에 뜻이 있으며 행실에 오점이 없고 장래성이 있는 사람을 취하여 그 이름을 함께 적어 놓고 권점하여 취한다"는 기록 외에 구체적인 내용을 확인할 수 있는 자료가 없지만, 대체로 이 시기 여타의 영남 남인계 서원과 동일하였다고 본다. 여기에 대해 구체적인 내용을 담고 있는 정구가 제정한 도동서원 원규를 보면 다음과 같다.

매번 향사일에 신진新進을 의논하여 추천한다. 매인이 한 사람씩 각기 추천하여 원장에게 품신한다. 만약 천거자가 없거나 천거가 필요 없는 경우에는 원장이 중의를 채택하여 가부의 투표를 거쳐 정한다. 투표를 할 경우에는 단지 '순純'점을 맞은 사람을 택하고 유안儒案에 적는다. (각 사람의 이름 밑에 추천자를 쓴다.) 무릇 추천된 신진은 반드시 20세를 넘고 학행이 두드러진 자여야 한다. 비록 약관에 이르지 않더라도 사마시에 입격한 자는 … 입록 할 수 있다.(『한강속집寒岡續集』 권4, 잡저, 도동원규)

위 원규에서 보면 입원생은 20세 이상인 자를 대상으로 하고 있다. 이렇게 볼 때 입원생은 초학初學이 아닌 이미 가학家學 및 서당 등을 통해서 어느 정도 교육을 받은 상태였음을 알 수 있다. 20세 미만인 자라도 이미 사마에 입격하였거나 재행이 뛰어난 자는 허락하였다. 사마시 입격자는 '입격천入格薦'이라 하여 바로 입록하였다. 이는 당시 영남 남인계 서원에 있어서 일반적 관행이었다.

유생의 입원은 향사일에 각각 1원員을 원장에게 천거하도록 하고, 만약 천거자가 없거나 천거할 필요가 없는 경우 원장이 그 가부를 중의에 부쳐 결정하였다. 타 지역 인사는 추천인이 없더라도 학행이 성취되고 사론士論에 문제가 없는 경우 입학을 허락하였다. 당시 영남의 대표적인 서원에서의 입원은 '함부로 오는 자(공론이 허락하지 않는 자)는 입원할 수 없다', '7·8번 천거받아 입원한다'[24]고 할 정도로 엄격하게 규제하였다.

이렇게 선발된 원생의 정원은 어느 정도였을까? 먼저 소수서원의 유생 정원은 10명으로 한다는 규정에 대해 언급할 필요가 있다. 이는 원생의 정원에 대한 규정이라기 보다는 '사시상양四時常養'이라는 데서 알 수 있듯이 상주常住유생에 대한 규정이었다고 보인다. 원생 수와 상주 유생 수는 의미가 다르다. 실제로 서원이나 국가의 입장에서 공부하는 유생 수를 규제할 아무런 이유가 없었다. 일반적으로 원생의 경우 오랜 기간 서원에 상주하는 경우는 드물다. 인근 유생일 경우 대체로 기한을 정해 돌아가면서 머무르는 것이 상례였으며 타처 유생일 경우 몇 달씩 머물렀을 것으로 생각된다. 이는 여타 서원에 있어서도 원생 수에 대한 규정이 나타나는 경우는 전혀 없고 상주 원생수에 대한 규정만이 나타나고 있는 데서도 알 수 있다. 병산서원의 경우 "입원유생入院儒生 상공오인常供五人"[25] 이라 하여 유생 5인을 기준으로 하여 공궤한다고 규정하고 있다. 이와 같은 공궤 유생 수에 대한 규정은 이것이 서원의 경제적 문제와 직결되었기 때문이다. 이렇게 본다면 공궤 유생 수는 각 서원의 경제력에 따라 결정되었다고 생각된다.

일반적으로 각 서원의 입원생의 수 및 그 지역적 범위는 배향인물, 주관자 및 서원의 향촌사회 내 영향력이나 경제적 형편 등에 따라 상이하였다. 위 표에 기재된 입원생은 총 467명으로 매년 평균 입원생 수는 인조반정 이전까지는 5.1명, 이후는 10.5명으로 증가하고 있다. 이는 당시 안동이 영남 도내 유생 수에 있어서 압도적 다수를 차지하고 있었고 또한 영남 남인의 중심지였다는 지역적 문제도 고려되었겠지만 어쨌든

24 『書院規範』 陶山院規.

25 『書院規範』 屛山院規.

이는 병산서원의 향내 영향력의 확대 현상으로 파악될 수 있다. 도산서원 또한 인조반정 이전까지는(1576~1622) 4.8명, 1623년에서 17세기 말까지는 3.7명, 18세기는(1700~1722) 7.2명으로 18세기 이후 전반적인 증가추세에 있었다. 병산서원 입원생의 거주지는 예안 · 봉화 · 용궁 · 영주 등 예외는 있으나 대체로 일향(안동)이 중심이 되고 있다. 『입원록』에 거주지가 기재되지 않는 것도 이에 연유한다.[26]

원생이 지역적으로 일향을 크게 벗어나지 못하고 있는 것은 17세기 이후 각 지역에서 서원의 설립이 증가하고 있는 상황과 맥을 같이하는 현상이지만 이는 기본적으로 서원이 일향 재지사족의 집합소라는데 있다. 영남지방 서원 원생의 거주지 분포는 대체로 일향이 중심이 되고 있었지만, 각 서원의 소재지, 배향인물, 주관자 및 서원의 영향력과 성격에 따라 다소 차이가 있었다.

한편 위 병산서원『입원록』을 안동과 인접한 영주 · 예안의 소수 · 역동 · 도산서원 등과 상호 비교해 보면 상당수가 중복되고 있다. 일향 내의 서원일 경우 이러한 중복 현상은 더욱 심할 것이다. 북인계 서원인 남계 · 덕천서원의 경우도 양 서원이 노론 · 남인으로 전환하여 대립하기 이전까지는 대부분의 입원생이 중복되고 있다. 일반적으로 17세기 중반까지는 서원의 설립 운영은 일향 유림들의 공동의 관심사였다. 따라서 일향 내 서원은 상호 간에 원임 · 원생 등 인적교류를 통한 상호 유기적

26 졸저, 「17, 18세기 安東 屛山書院의 社會 · 經濟的 基盤」, 『嶠南史學』 3, 1987, 169~176쪽 참조.

관계에 있었던 것이다. 이후 서원이 본래의 기능을 수행하지 못하고 점차 향촌사림의 신분 유지를 위한 하나의 기구로 전락되면서 그 숫자가 급격히 증가하고 이와 맞물려 향촌사회의 내부분열이 격화되면서, 원생의 중복 입원은 현저히 감소하고 재지사족들은 지연 · 학맥 · 혈연에 따라 각 서원별로 분리 소속되어 갔다고 보여진다. 이 시기 각 문집 속에 제문이나 상소문에 '○○서원 유생'으로 기재되는 것도 이러한 시대적 상황의 반영이었다고 보인다.

병산서원을 지탱하는 인적 기반으로는 원임 · 원생뿐만 아니라 병산서원과 이해관계를 같이하는 이른바 원유院儒 및 심원인사尋院人士들도 있다. 원유는 서원의 정치 · 사회적 활동에 있어서 중심 역할을 담당하였던 자들로, 대부분 원생에서 유래 · 파생하였다고 생각되지만, 서원에 따라서는 원생 또는 원생을 거치지 않았다고 하더라도 서원 소재지

『원유면분류』(1778년)(한국국학진흥원 소장 - 풍산류씨 서애파문중, 병산서원운영위원회 기탁자료)

나 인근 지역에 거주하면서 서원과 이해관계를 같이하는 부류들을 총칭하여 원유라고 호칭하였다고 생각된다. 병산서원의 부내府內 원유의 분포상황을 기록한 1778년 『원유면분류院儒面分類』를 성씨별로 분석해 보면 다음과 같다.

〈표 4〉『원유면분류』에 나타난 성씨별 분류표

구분 \ 숫자 \ 성씨	이李	권權	정鄭	김金	남南	오吳	우禹	신申
동면	45(48)	3(1)	2(4)	22(8)				
북면	(3)	5(1)	(1)	22(19)	15(23)	3(2)	(2)	1(2)
남면	1(3)	1		4(11)				
서면	3(4)	3(4)		24(26)				1(1)
합	49(58)	12(6)	2(5)	72(64)	15(23)	3(2)	(2)	2(3)

	변卞	송宋	류柳	안安	박朴	조趙	합
동면							72(61)
북면	1	1					48(53)
남면			33(17)	1(2)			40(33)
서면			2(6)	2(3)	4(4)	4(1)	43(49)
합	1	1	35(23)	3(5)	4(4)	4(1)	203(196)

※ ( )안은 이후 수정되면서 선인仙人으로 기재된 숫자이다.

이 책은 1778년을 기점으로 해서 계속 수정된 것으로 당시 병산서원을 중심으로 한 4면의 원유를 모두 기재하고 있는데 이 · 김 · 류씨가 압도적이었다. 시기적으로 『입원록』과 상호 비교할 수는 없지만 당시 『원임안』에 기재된 안동지역 인사는 대부분 기재되고 있었다. 따라서 이들 통해서 18세기 말 병산서원 원유 규모의 대체를 짐작할 수 있다.

한편 일향을 중심으로 한 서원의 외곽 사림세력을 파악하기 위해서는『심원록尋院錄』의 분석이 중요하다. 병산서원『심원록』은 거주지가 명확히 기재되지 않고 본관만 기재되어 있어 거주지별 분석은 불가능하였으나 대체로 안동을 중심으로 하여 예안 · 영주 · 순흥 · 풍기 · 예천 · 용궁 · 영해 · 의성 등 넓은 의미에서 안동권에 집중적으로 분포되어 있었다. 지방관이 아닌 노 · 소론계 인사의 방문은 거의 없었다.

같은 영남 남인계 서원이라 하더라도 퇴계 이후 류성룡, 김성일 등 당색과 유관한 인물을 배향한 서원과 정몽주 · 이언적 · 이황 등 전조의 인물이나 당색과 무관하거나, 혐의가 상대적으로 옅은 인물을 배향한 서원과는 내방자에 있어서 약간의 차이가 있었다고 생각된다. 경주 옥산서원(이언적 제향), 예안 도산서원『심원록』에서 보면 동인 내지 남인이 주축이 되지만, 지방관이 아닌 서인 내지 노 · 소론계 인사들이 내방하고 있었다. 이와는 달리 병산서원에 배향된 류성룡은 선조 조 중앙정계의 퇴계학파를 영도하면서 동 · 서 내지 남 · 북 분당을 겪는 과정에서 북인 · 서인 등 반대당으로부터 붕당 발생의 장본인으로 또 남인의 영수로 지목을 받았다. 따라서 병산서원은 집권세력의 회유의 대상이 될 수 없었고 항상 반대 당파의 주목의 대상이 될 수밖에 없었으며 이러한 분위기가『심원록』에 일정하게 반영되었다고 보여진다. 철종 연간에 와서 비로소 사액이 되는 것도 이에 연유하는 것이다.

교육기능

서원의 일차적인 목적은 강학 즉 교육에 있었지만, 17세기 중반 이후 대부분의 서원에서는 교육적 기능이 약화되고 제향에 치중하는 경향이 나타났다. 이러한 당시의 사회적 분위기 속에서도 병산서원은 18세기 후반까지 강학의 전통을 유지해 나갔다. 병산서원의 초기 교육활동에 대해서는 자료의 부족으로 명확한 규명이 어렵지만, 서원의 전신인 풍악서당 당시 지역 사회에서의 교육 진흥에 대한 공을 인정받아 조정으로부터 학전을 하사받았다는 데서 알 수 있듯이 건립 초기부터 활발한 교육활동을 전개하였다고 보인다. 병산서원 강학과 관련된 자료는 잘 남아 있지 않지만, 설립 이후 강학의 전통은 계속 이어져 왔다고 본다. 18세기 전반 영남학파를 대표하는 상주의 권상일은 1723년에 안동 방문길에 병산서원에서 원장인 이재李栽와 만나 함께 강론하였다.[27] 이재는 이황 → 김성일 → 장흥효로 이어지는 학봉학통의 계승자인 이현일의 아들인 동시에 핵심 문인이다.

여기서는 현재 남아 있는 18세기 후반에 작성된 강학과 관련된 몇 점의 중요한 자료를 중심으로 살펴보기로 한다.[28] 이를 통해 서원 기능이 변질되어 가던 시기 교육의 전통을 유지하던 병산서원의 면모를 추적해 볼 수 있다.[29]

27 『淸臺全集』「年譜」, "景宗三年 癸卯(四十五歲) 四月謁屛山院祠 與李密菴栽 講論而歸".

28 『古文書集成』 20, 屛山書院篇(한국정신문화연구원, 1994), 居齋案, 講案 등.

29 18세기 후반 병산서원의 교육활동에 대해서는, 박종배, 「병산서원 교육 관계 자료 검토」, 『교육사학연구』 18-2, 2008. 이하 서술은 이 논문을 참고하여 정리하였다.

정조 5년(1781)에 작성된 「신축동독안辛丑通讀案」은 1781년 5월 11일부터 4일간 총 107명이 병산서원에서 『대학』을 통독한 일에 대한 기록이다. 『대학』은 류성룡이 특히 중시했던 책이다. 이는 병산서원이 경세가로서의 류성룡의 학문적 지향을 보급 확장해 나갔음을 보여주는 것이다. 여기에는 원장 류종춘柳宗春의 서문과 참여한 인사들을 기록한 '통독회안通讀會案'이 포함되어 있다. 여기에는 『대학』을 강론하는 모습과 절차, 그리고 참여한 인물들의 면면이 망라되어 있어, 실제 서원에서 '통독'이라는 형태로 교육이 어떻게 진행되었는지를 생생하게 엿볼 수 있는 자료이다. 서문을 보면 다음과 같다.

> 여러 유생들을 모아 병산서원에서 대학을 강독하였는데, 옛적에 서원을 세워 선비를 교육하던 규칙이 그러하였다. 원외員外 남공南公(용진龍震)과 박사 정공鄭公(석태錫台)께서 강사講事를 주관하였으며, 종춘도 그 때에 외람되이

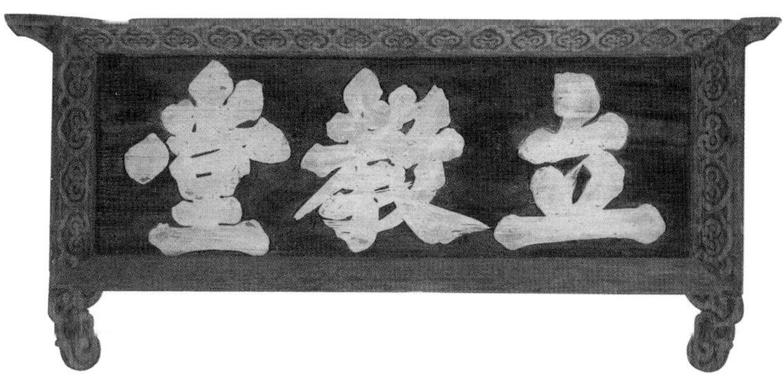

입교당 현판(한국국학진흥원 제공)

자리를 함께 하였다. 그날에 이공二公께서 여러 유생들을 인도하여 뜰 아래에 늘어서서 상읍례相揖禮를 행하고, 마치자 유사 이군李君(팽윤彭胤)이 동쪽 계단 위로 가 서서 주자의 백록동규를 읽어 듣게 하였다. 이를 마치고 여러 유생을 인도하여 존덕사를 배알하고 물러나 입교당에 앉아 강석講席을 마련하였다. 이때에 여러 유생으로 의관을 갖추고 둘러앉은 자가 거의 60여 명이었는데, 각기 대학 한 책을 소지하고 차례대로 앉으니 그 모습이 자못 숙연하였다. 앉기를 마치자 한 사람이 이공二公 앞으로 나아가 절하고 꿇어앉아 (대학) 수장首章을 읽고 경의經義의 대략을 강론하자 좌중의 여러 사람들이 각자의 견해에 따라 서로 의견을 주고받기를 수차례 거듭하였다. 그런 뒤 다음 사람이 또 나아가 다음 장을 읽고 경의를 강론하기를 또한 그와 같이 하였다. 이달 계미일에 시작하여 4일을 넘겨 병술일에 마쳤으니. 이것이 강사講事의 전말이다. (… 강습講習의 중요성)

지금의 서원은 이와 정반대로 중하게 여기는 바는 봄과 가을의 제사뿐이다. 심지어 무리를 모아 학업을 연마하는 것도 비록 간혹 있기는 하나, 대부분 과장科場에서 공리功利를 다투는 말단을 벗어나지 못하고, 이른바 경학을 강토講討하는 일은 찾아보기가 어렵게 되었으니, 아! 그 폐단이 고질이 되었다. (……) 그런즉 오늘의 거사를 어찌 그만둘 수 있겠는가. (……)

위의 서문에서 보면 병산서원의 통독회는 크게 상읍례-독법讀法-알묘-설강設講의 순서로 진행되었다. 또한 류종춘은 서문에서 당시의 서원이 본연의 기능인 강학보다 부차적인 제향에 치중하는 모습을 강하게 비판하고, 그나마 강학을 하는 경우에도 수양을 위한 경학經學이 아니라 과거 준비를 위한 과문科文에만 열중하는 세태를 지적하고 있다. 이 서문은 병산서원의 교육적 지향을 잘 보여주고 있다. 강장으로 초빙된 남용진과 정석태는 전형적인 서애학맥이다. 남용진은 1637년 병산서원 원장을 지낸 남급의 방손이고 정석태는 서애문인으로 1630년부터 여러 차례 원장을 지낸 정유번의 후손이다. 두 사람은 모두 문과 출신으로 각기 1777년과 1778년에 원장을 지낸 인물들이었다.[30]

통독회안에는 통독회에 참여한 107명의 명단이 크게 두 부분으로 나누어 기록되어 있다. 앞부분에는 원장, 강장講長을 비롯하여 대체로 40대 이상 고령자들 45인, 뒷 부분은 유생이란 표기와 함께 40대에서 10대까지 연소자 62명이 기록되어 있다.

병산서원에서의 강학활동은 이듬해에도 지속되었다. 1782년에 작성된 「신축임인거재안辛丑壬寅居齋案」은 신축년(1781)과 임인년(1782)에 10월 16일부터 12월 보름까지 4순四巡으로 나누어 각 15일 동안 병산서원에서 머물며 공부한 인사들의 성명과 출생년, 공부했던 서책이 기록되어 있다. 「신축거재안」(1781)에는 초순 8명, 이순 10명, 삼순 13명, 사순 14명 등 총 45명의 명단이 기재되어 있는데, 대체로 연령을 기준으로 하여 순별로 거재생을 안배한 흔적이 있다. 거재 개시일은 각각 삭망분향 당일 또는 그 이튿날인 초하루와 16일에 시작되었다. 이들의 나이는 19세부터 시작해서 40대까지 분포해 있다. 거재안에 기재된 학생들이 공부

30 김학수, 「병산서원의 학풍」, 『병산서원』, 한국학중앙연구원, 2019, 357쪽.

한 서책을 보면 각 순별로 약간씩 차이가 있지만, 『춘추』를 제외한 '4서5경'과 『주서』·『심경』과 같은 성리서였다. 전체 회수별로 보면 『대학』이 10회로 가장 많고, 그 다음으로 『중용』·『주서朱書(주자서절요)』·『시전』·『논어』·『서전』·『심경』·『주역』·『맹자』·『예기』 순이다. 거재생의 거주지는 예안·여천呂泉 각각 1명을 제외하면 모두 서원 인근 거주자로 보인다.

「임인거재안」(1782)에는 초순 9명, 이순 8명, 삼순 12명, 사순 17명 등 총 46명의 명단이 기재되어 있다. 거재 개시일은 1781년과 마찬가지로 초하루와 16일이다. 거재생의 연령은 대체로 1781년에 비해 낮다. 공부한 서책은 각 순별로 약간씩 차이가 있지만, 1781년과 비슷하게 '4서3경'과 『주서』·『심경』과 같은 성리서였다. 전체 회수별로 보면 『논어』가 18회로 가장 많고 대체로 사서가 주류를 이루었다.

1789년에 작성된 「기유강안己酉講案」은 2월 1일과 4월 2일에 병산서원에서 강생 講生 각각 63명(동몽 22명 포함)과 45명(동몽 20명 포함)에게 고강考講한 기록이다. 고강 즉 공부한 내용을 평가한 것으로 여기에 참여한 강생의 성명과 자字, 출생 간지, 공부한 서책, 성적이 기록되어 있으며, 별도로 '동몽'이라는 표시 하에 고강에 참여한 학생들의 성명과 출생 간지가 기록되어 있다. 동몽은 말 그대로 공부를 시작한지 얼마 되지 않은 학생으로, 대체로 어린이와 청소년을 말한다. 평가한 과목은 학생별로 차이가 있지만 대체로 『논어』·『맹자』·『대학』·『중용』·『시』·『서』·『역』이었다. 그리고 고강 성적을 기록하였는데, 통달한 순서대로 순통純通·통通·약畧·조粗 4등급으로 나누어 평가하였다. 동몽이 고강한 과목으로는『맹자』가 가장 많고, 그 외『논어』·『대학』·『시』·『소학』등으로 나타나 초학자들이 공부하던 학습 과목도 파악할 수 있다.

병산서원에서의 교육활동이 18세기 후반 이후에도 항시적으로 전개되어 왔는지는 잘 알 수 없으나, 위 세편의 자료에서 보면 18세기 후반에 적어도 '통독', '거재', '고강'이라는 세 가지 유형의 강학 활동이 전개되었음은 분명히 확인할 수 있다. 이러한 교육의 기조와 운영 방침은 병산서원 초창기부터 유지해 온 것으로 추정되며, 이후에도 강학이라는 본질적 목표를 지속적으로 계승했을 것으로 생각된다.

교육을 통한 인재양성과 학생들의 심성 수양이라는 병산서원의 교육·강학 기능은 근대 이후에도 계승되었다. 1946년 서원 재산으로 학교법인 '병산교육재단屛山教育財團'을 설립하여, 현재 풍산중고등학교를 운영하고 있는 것이 대표적인 예이다. 근래까지 풍산중고등학교가 '서원학교'라 불리는 것은 병산서원의 교육기능이 계승되고 있음을 알 수 있게 해준다. 근대 이후 변화된 사회 환경과 교육체제에 들어와서도 서원 설립과 운영의 근본정신을 계승하고 있는 것이다.

정치 · 사회적 활동

조선시대 서원 본연의 기능은 교육과 교화이다. 전자는 강학을 통해 후자는 제향을 통해 실현되고 있었다. 그러나 조선시대 서원은 단순히 본연의 기능만 수행했던 것은 아니다. 공론정치를 표방하고 있던 사림들은 16세기 이래 서원을 구심처로 정치 · 사회 활동을 전개해 나갔다. 지역 내 중요한 현안이 있을 때, 나아가 정치적으로 향촌유림의 의견을 표출할 때, 그 중심지는 바로 서원이었다. 특히 병산서원처럼 도내에서 큰 영향력을 가지고 있던 서원은 정치적으로 민감한 사안이 있을 때 향촌유림들의 목소리를 반영하며, 지역 여론을 주도하기도 했던 것이다.

안동지방은 조선시대 경상도 내 4개 계수관의 하나로서 강력한 사족과 이족을 확보한 채 영남에 있어서 지방행정 · 문화의 중심지였다. 뿐만 아니라 중기부터는 기호학파에 대응하는 영남학파의 본산으로서 도내의 유림을 영도하여 서인 내지 노론정권과 대항하는 과정에서 야당인 남인의 입장을 고수하면서 활발한 정치 · 사회적 활동을 수행해 왔다.

인조반정으로 서인정권이 확립되는 과정에서 남인이 점차 권력구조에서 배제되어 갔으나 숙종 초까지는 영남 유림의 상경종사가 아직 활발하였다. 영남 남인 세력은 승정원과 삼사三司에 포진하면서 이원익 · 조경 · 허목으로 이어진 재경 남인계와 긴밀한 제휴관계를 유지하고 있었다. 이 기간에 남 · 서인 간의 정쟁에서 안동유림이 크게 개입된 사건은 우 · 율승무牛 · 栗陞廡를 반대하는 유소儒疏와 예론소禮訟疏였다.[31]

31 이수건, 「영남학파의 역대유소와 정치활동」, 「정조조의 영남만인소」, 「17, 18세기 안동지방 유림의 정치사회적 기능」, 『嶺南學派의 形成과 展開』, 일조각, 1995 참조.

갑술환국 이후에는 재경 남인세력의 도태로 인해 안동 유림은 세휴할 세력을 중앙정계에서 확보하지 못한 채 고립무원의 재야세력으로 존재하였다. 비록 소론으로부터 동정은 받았으나 전일과는 정세가 판이하였다. 그런 가운데 안동 유림은 노론정권으로부터 허울 좋은 '인재등용'이란 회유책을 받는가 하면 다른 한편으로는 관권의 감시와 압제를 받았다.

조선후기 안동지방 유림들의 정치활동은 유소로 나타났는데, 17~18세기에 안동유림이 주관한 유소를 보면 다음과 같다.

〈표 5〉 17, 18세기 안동유림의 유소 일람표

상소 연대	유소 내용	소수	배소 상경인수	소하疏下 연명수	봉소후捧疏後 조치	안동지방 및 경상도 내 관련 유소
선조 37 1604	변회재피무辨晦齋被誣, 칭오현승무請五賢陞廡	김윤안 金允安	미상	미상	하비답下批答	좌도 퇴계학파와 우도 정인홍계 유소 상호공방전
광해 3 1611	변회퇴피무공척정인홍辨晦退被誣攻斥鄭仁弘	김봉조 金奉祖	176	미상	〃	〃
광해 13 1621	청참이이첨請斬李爾瞻	김시추 金是樞	미상	400여	〃	예안인 손우 · 서긍 및 우도 정인홍계 이이첨 변호소
효종원년 1650	반대우율승무反對牛栗陞廡, 공척우율학설攻斥牛栗學說	류직 柳櫻	150여	950여	소수疏首 '삭적削籍' '부황付黃'	상주인 신석형 등 40여 명 청우율승무, 공척류직소
〃	변류직辨柳櫻, 청여류직동피유벌請與柳櫻同被儒罰	이상일 李尙逸	미상	미상	하비답	

현종 4 1663	반대우율승무反對牛栗陞廡, 청죄관학서인유생請罪館學西人儒生	남중유 南重維	미상	26	소수 '정거停擧'	관학, 사학 내 남 · 서인계 및 영남출신 남 · 서인 유생 간 찬반 유소
〃	반대우율승무反對牛栗陞廡, 진영남인황상중죄陳嶺南人黃尙中罪	김강 金鋼	미상	미상	소수 '정거'	도내 서인계 이파 · 황상중 등과 남인계 유생 간 공방전
현종 7 1666	공척송시열예론겸상상복고증攻斥宋時烈禮論兼上喪服考證, 부록附錄	류세철 柳世哲	103	1천여	소수 '부황' '정거'	상주 유생 성진승 등이 류세철이 유현儒賢을 무함한 죄를 상소
숙종 7 1681	반대우율승무反對牛栗陞廡	박성의 朴性義	미상	60여	소수 유배	도내 유생, 남 · 서인계 양분하여 상소
숙종 20 1694	청출우율종사문묘請黜牛栗從祀文廟	안일리 安日履	미상	미상	소수 유배 소본불납疏本不納	도내 서인계 유생의 성혼 · 이이의 문묘 복향을 청하는 소
영조 12 1736	저척양송승무詆斥兩宋陞廡	이인지 李麟至	40여	4천여	소수 유배	숙종 20년~영조 32년 김장생 · 양송 승무에 대한 도내 남 · 서인 분열, 찬반 유소
정조 12 1788	변영남피무辨嶺南被誣, 진무신창의록進戊申倡義錄	이진동 李鎭東	미상	미상	정조가 소수를 접견하고 친히 유시함正祖接見疏首親諭	안동 및 도내 노론계 유생 침묵 지킴
정조 16 1792	청사도세자추존請思悼世子追尊, 청죄벽파인사請罪僻派人士	이우李㙖(2차)	2백여	10,057 10,368	정조가 소임을 접견하고 친히 교서를 내림正祖接見疏任親諭書下送	안동 유림 주도하에 도내 유생 참여(반박 유소 없음)

갑술환국 후 남인이 정계에서 완전히 배제되고 영남에도 고을마다 신출 노론이 교원校院에 침투해 들어가자 남인계 유림의 유소는 안동 ·

상주의 유림세력에 의해 겨우 이루어질 뿐이었다. 이러한 유소도 후대로 내려올수록 소자疏資를 마련할 길이 없어 소하연명유疏下聯名儒(소에 연명한 유림)에 비해 배소상경자陪疏上京者(소를 가지고 상경한 유림)는 격감하는 추세에 있었다. 이와 같이 노론의 일당전제가 강화될수록 영남 유림의 정치적 활동은 더욱 위축되어 갔다.

이 같은 상황은 영남 열읍이 거의 같은 처지에 놓여 있었으나 유독 안동지방만은 사정이 좀 달랐다. 안동 유림은 강력한 재지적 기반을 견지한 채 유향소·향교·서원 세력이 일체가 되어 향권을 지배해 나갔으며, 향교와 도산·병산·호계·삼계서원 등은 거대한 물력을 지녀 유소 준비와 향전에 다중의 유생을 동원·조직할 수 있는 경제적 기반을 갖고 있었다. 안동 유림은 조선후기 집권층의 갖은 압제와 관권의 위협을 무릅쓰고 남인의 입장을 고수하여 '천김쟁쟁川金錚錚', '하류청청河柳靑靑'이란 칭송을 들었는가 하면 그들의 '세론世論'에서 이탈한 자를 '배부반조背父叛祖'의 무리로 간주하였다.

조선후기 영남의 향촌유림들의 유일한 정치활동인 영남유소嶺南儒疏에서 병산서원은 중요한 역할을 하였다. 병산서원 입원생 중 역대 영남유소의 소수疏首로 활약한 인사를 들어보면, 1604년 변회재피무辨晦齋被誣 청오현승무소請五賢陞廡疏의 김윤안(1601년 이전 입원록), 1611년의 변회퇴피무辨晦退被誣 공척정인홍소攻斥鄭仁弘疏의 김봉조金奉祖(1601년 이전 입원록), 1650년 우율승무반대소牛栗陞廡反對疏의 류직柳稷(1643년 입원록), 1666년 영남예론소嶺南禮論疏의 류세철柳世哲(1642년 입원록), 정문보鄭文輔(1638년 입원록) 등을 들 수 있다. 류직의 성혼·이이의 문묘배향을 반대하는 '우율승무반대소'에서 보면 안동에서 동원된 335인 가운데 약 100명 정도, 소록출문疏錄出文 인사 19명 중 12명이 병산서원 유생으로 확인된다.[32] 또한 소행疏行 중에 풍산현사豊山縣舍에 숙박할 때는 병산서원의 원임 및 일현사우一縣士友가 모두 와서 전송하기도 하였다. 특히 류세철을 소수로 한 예론소는 병산서원에서 발의하고 주관하였다.[33] 또한 1728년의 송상은덕소頌上恩德疏의 정동규鄭東奎, 1788년의 변영남피무辨嶺南被誣 진무신창의록소進戊申倡義錄疏의 이진동李鎭東, 1792년의 청사도세자신원소請思悼世子伸冤疏의 이우李㙖 등은 병산서원 원장직을 역임한 바 있었다.[34]

정동규·이진동·이우는 각각 1731년 겨울, 1797년, 1805년 가을 등 상소 이후에 원장을 역임하였다. 당시 영남 남인계 서원의 경우 서원과 밀접한 관련이 없는 인사는 원장에 임명될 수 없다는 것이 불문율이었다. 따라서 이 세 사람은 당시 병산서원과 밀접한 관련이 있었다고 볼 수 있다. 이렇게 볼 때 이 유소에서 병산서원의 인적·물적 기반의 다수가 동원되었음은 짐작할 수 있겠다. 실제로 17세기중반 이후가 되면 서원은 사림들의 정치·사회적 활동에 중요한 구심점이 되어 소속 사림들의 개별적 집단적 행동에 구체적인 물질적 지원을 하고 있었다. 각 서원들은

32 『百拙庵集』 附錄. 疏錄.

33 『悔堂集』 卷2, 疏廳日記.

34 졸저, 「17, 18세기 安東 屛山書院의 社會·經濟的 基盤」, 『嶠南史學』 3, 1987, 165~168쪽 참조.

채제공 초상(국가유산청 제공)

유생들의 소회疏會 및 상소 시 비용의 일부를 보조한 것으로 확인된다.

병산서원은 영남유소 뿐만 아니라 19세기 영남의 현안 가운데 하나인 채제공蔡濟恭의 신원에 대해서도 주도적인 역할을 하였다. 병산서원은 채제공 신원소를 처음 발의하였고, 신원된 후 『번암집樊巖集』 간행 때에도 주도적인 역할을 하였다. 안동유림들은 『번암집』 간행 경비 문제로 영남 전체 모임을 갖기로 하고 통문 2부를 작성하여 삼계서원과 병산서원에 보냈다. 삼계서원에서는 호파에 가까운 지방에 통문을 돌리고, 병산서원에서는 좌도 52 읍에 통문을 돌렸다.

이렇게 볼 때 병산서원은 조선후기 안동뿐만 아니라 영남지역 전체 사림들의 여론을 주도하는 위치에 있었다. 영남지역 내 병산서원의 정치·사회적 위상을 확인할 수 있는 회퇴변무소晦退辨誣疏와 예론소 등을 살펴보기로 한다.

1. 「회퇴변무소」와 병산서원

광해조 정국의 핵심 세력은 정인홍을 중심으로 한 북인이다. 정인홍은 지금의 경남 일대에 큰 영향력을 끼쳤던 남명南冥 조식曺植의 수제자로 남명학파의 영수였다. 당시 남명학파는 퇴계학파의 남인들과 시국인식의 차이 등으로 반목·대립하고 있었다. 그런 가운데, 광해 3년(1611) 정인홍은 1610년에 문묘에 배향되었던 이언적과 이황의 위패를 철향撤享, 즉 문묘 배향에서 제외해야 한다는 상소를 올렸다.

북인들의 스승인 조식은 문묘에 배향되지 못하고, 반대로 반대 당파인 남인들의 정신적 지주인 이언적과 이황이 문묘에 배향되어 있다는 것은, 북인과 남인세력 간의 학문적 위상과 직결되는 문제였다. 따라서 북인들은 이언적과 이황의 위패를 문묘에서 제외시킴으로써 학문적 위상의 열세를 만회하려 했던 것이다. 정인홍의 이러한 주장은 남인들뿐만 아니라 당색을 초월해 전국 각지에서 활동하던 유림들의 반발을 사게 되었다. 특히 퇴계학파의 주요 근거지였던 안동권 유림들의 반발이 두드러졌다.

당시 병산서원은 아직 서원으로서의 완전한 면모를 갖추기 이전이었지만, 철향 추진에 반발하는 안동권 유림의 공론을 모으는 중심지가 되었다. 류성룡의 문인이었던 김봉조와 김윤안은 병산서원을 중심으로 지역 내 사림들의 의견을 모아, 이언적과 이황의 철향을 강력하게 반대하는 「회퇴변무소」라는 상소문을 올린 것이다. 이러한 사실은 건립 초창기부터 병산서원이 퇴계 학통을 계승한 문인과 남인계 사림의 공론을 모으는 중심지 역할을 했다는 단적인 사례이다.

2. 예론소와 병산서원

병산서원의 영남지역 내 위상은 현종 연간 중요한 정쟁이었던 예송논쟁禮訟論爭 과정에서 여실히 드러난다. 예송은 인조의 계비였던 자의대비慈懿大妃 조씨의 복제 문제 때문에 발생하였다. 2차에 걸쳐 전개되었는데, 1차 예송은 효종의 죽음으로 인한 자의대비의 복제 논쟁이었다. 이러한 논쟁의 배경에는 서인과 남인 간의 대립, 그리고 각 학파별로 전개된 예학禮學의 성향이 자리하고 있다.

효종이 세상을 떠나자 자의대비 조씨의 복제를 두고 서인은 송시열을 중심으로 기년복朞年服(1년복)을 주장하였고, 남인은 참최복斬衰服(3년복)을 주장하였다. 처음에는 단순히 복제 논란으로 시작되었지만, 남인의 윤선도尹善道 등이 왕통王統 문제까지 거론하게 되면서 심각한 정치 문제로 확산되었다. 남인은 송시열 등이 제기하고 있는 예론의 허점을 공격함으로써, 정국 전환을 도모한 것이다. 결과적으로 1차 예송은 윤선도를 비롯한 강경 남인 인사들이 처벌을 받고, 현종이 함구령을 내림으로써 종식되는 듯했다.

하지만 정치적으로 민감한 문제였기에 함구령이 내려졌음에도 유림들 간의 치열한 공방은 끊이지 않았다. 남인들의 정치적 기반이었던 영남의 유림들도 이에 동조하여, 서인들을 공격하는 많은 상소문을 올리게 되었다. 이때 올라간 가장 대표적인 상소가 병산서원을 거점으로 추진되었던 '복제소服制疏'이다. 이 상소문은 영남 남인의 대표적인 인사인 류원지柳元之와 류세철 주도로 추진되었다. 류원지는 병산서원 배향자 류성룡의 손자이며, 류세철은 류성룡의 형 류운룡柳雲龍의 증손이다.

현종 7년(1666) 영남의 남인계 사림들은 류원지와 류세철 주도로 병산서원에 소청疏廳을 설치하여, 예송 논쟁과 관련하여 서인의 예론을 공격하는 '복제소'를 준비하였다. 이때 병산서원의 역할은 류세철이 남긴

류원지, 『졸재집』(한국국학진흥원 소장 - 풍산류씨 서애파문중, 병산서원운영위원회 기탁자료)

『소청일기疏廳日記』를 통해 소상히 알 수가 있다. 이에 따르면 1665년 12월 3일, 영남의 유림들은 먼저 안동권의 향교와 서원에 통문을 보내 이듬해 1월 7일 병산서원에서 상소 추진을 위한 소회疏會를 개최한다고 통보하였다. 병산서원이 소회의 장소로 정해진 것은 예송논쟁 때 영남 남인의 예론을 이 서원이 주도하고 있었기 때문이다. 병산서원의 소회에서 유림들은 사안의 중요성에 비추어 영남 유림 전체의 공론을 형성해야 한다고 의견을 모았다. 이에 2월 7일 의성에서 도회都會할 것을 결의하고, 경상도 각지의 유림들에게 통문을 발송하여 류세철이 소수가 된 상소문이 완성되었다.

1666년 3월 17일 승정원에 제출된 '복제소'는 영남 70읍, 1,100명의 유생이 연명한 이른바 '영남의례소嶺南儀禮疏'로 알려져 있다. 결과적으로 영남 유림의 '복제소'는 1차 예송의 결과를 뒤엎는 데는 실패하였다. 그러나 현종 15년(1674) 효종의 비 인선왕후仁宣王后가 세상을 떠남에 따라, 이른바 2차 예송이라 불리는 자의대비 조씨의 복제문제가 다시 대두되었을 때, '복제소'는 뒤늦게 그 효과를 보이게 된다. 남인들은 '복제소'에서 언급하고 있는 이론적 근거를 바탕으로 서인의 예론을 공략하였고, 결국 2차 예송은 남인이 승리하여, 인조반정 이후 처음으로 남인이 정국 주도권을 장악하게 되었다. 이는 국왕이 강력한 정치세력으로서 영남 남인의 실체를 인정한 것이라 할 수 있다. 그러한 위력을 발휘했던 영남 유림의 공론 형성에 병산서원은 그 중심지 역할을 했던 것이다.

3. 1855년 2차 영남만인소

영남지역 유생들의 만인소를 통한 정치활동은 1792년 이우를 소수로 한 '사도세자신원만인소' 이래로 수차례 진행되었다. 1855년(철종 6) 정월에 사도세자 탄신 2주 회갑을 기념하여 경모궁景慕宮에서 작헌례酌獻禮를 행하고 존호를 가상加上하였다. 이러한 분위기 속에서 영남 남인들은 사도세자의 신원과 추존追尊을 요청하는 '사도세자추존만인소'를 올렸다. 이 만인소는 이휘병李彙炳을 소두로 10,432명의 영남 유생들이 참여하였다. 1855년 1월 안동의 병산서원과 호계서원에서 정조 이후 처음으로 장헌세자의 존호를 더하여 올린다는 소식을 듣고 도산서원에서 유회儒會를 갖기로 제안하였고 도산서원이 이에 동참함으로써 시작되었다.[35] 그런데 사도세자 신원을 위한 유소는 4년 전 1851년(철종 2) 2월에 병산서원이 중심이 되어 논의되었다. 당시 병산서원회중屛山書院會中은 이 문제를 논의하기 위해 안동향교에서 도회를 개최하였다.[36] 이렇게 볼 때 당시 병산서원이 영남의 공론 형성에 선구적 역할을 하였음을 알 수 있다.

4. 병호시비와 병산서원

병산서원은 정치적으로 영남 지역의 남인이 결집하는 데 있어 중심지가 되었지만, 반대로 영남 남인이 분열될 때도 중심지가 되었다. 그 대표적인 예가 19세기에 전개된 병호시비이다. 병호시비는 19세기 영남지역에서 발생한 향촌사회 갈등 중 대표적인 사건으로, 류성룡을 제향한 병산서원과 김성일 학맥이 주도하고 있었던 안동의 호계서원을 중심으로 전개되었기 때문에 병호시비라 불리고 있다.

병호시비는 이황을 주향으로 하는 안동의 여강서원(사액명 호계虎溪)에서 이황의 대표적인 제자였던 류성룡과 김성일 간의 서차序次를 어떻게 할 것인가 하는 문제를 두고 발생하였다. 이 시비는 단순한 가문 간의

35 졸저, 「조선후기 영남만인소 - 1792, 1855년 만인소를 중심으로」, 『만인의 청원, 만인소』, 한국국학진흥원, 2019 참조.

36 「1851년 屛山書院會中 通文」(옥산서원 소장).

갈등이 아니라 영남의 여론을 양분했던 매우 큰 사건이었다.

병호시비가 확대되면서 그 여파는 다른 가문에까지 미쳤다. 대부분의 가문은 이 시비에 휘말려 들기를 꺼려 했다. 어느 한쪽 편을 쉽사리 들어버린다면 반대쪽으로부터 핍박당할 것이 분명했기 때문에, '병屛'도 아니고 '호虎'도 아닌 중립적인 입장을 견지하려 했다. 하지만 당시 영남 사회는 '비병비호非屛非虎', 즉 병파와 호파 어느 한쪽에도 속하지 않는 사람은 양반으로 대접할 수 없다 하여, 입장을 분명히 밝힐 것을 강요받았다. 특히 류성룡과 김성일이 퇴계의 학통을 양분해왔다는 점에서 이 시비는 경상도 전 사림의 문제로 확대되었고, 그 결과 영남 유림을 양분하는 양상으로 나아갔다. 이 시비는 여러 가지 점에서 비판의 소지가 있지만, 영남 내에서의 병산서원의 위상을 확인할 수 있게 해주는 사건이었다.

병산서원의 장서와 소장자료

장판각(한국국학진흥원 제공)

서원에 전해지는 역사, 건축, 경관, 기록유산 등 유·무형의 문화유산들은 한국 유교문화의 다양성과 특성을 집약적으로 보여주고 있다. 그러나 조선시대 각 서원에서 소장하였던 서책 및 운영과 관련한 필사본, 고문서 등의 관련 자료들은 대원군의 전면적인 훼철 당시 대부분 소실되었다. 다행히 병산서원은 대원군 서원·사우 훼철 시에 남은 47개 서원·사우 중 하나로 남아 여타 서원에 비해 많은 문서를 보관하고 있다. 병산서원은 호계서원, 삼계서원과 함께 안동의 3대 서원, 나아가 영남을 대표하는 서원으로서 영향력이 컸다는 점에서 서책과 책판 및 서원 운영과 관련한 많은 기록 자료를 남겼을 것으로 여겨지지만, 현재까지 실시된 조사 결과를 보면 여타의 훼철 서원에 비해서는 현전하는 자료가 많은 것이

사실이지만, 미훼철되었던 옥산 · 도산서원과는 많은 차이가 나타난다.

병산서원 소장 전적들은 원래 서재西齋 안 장서실에 보관되어 있었다고 한다. 이후 장서와 서원운영과 관련된 고문서, 필사본 등은 1965년에 하회마을의 류성룡 종택인 충효당 옆에 유물전시관인 영모각永慕閣이 건립되자 관리의 편의를 위해 이전되었다. 그런데 영모각에는 종택에서 보관하고 있던 서적 및 영남지역 가문에서 보내온 자료들도 소장하고 있다. 즉 병산서원 자료뿐만 아니라, 출처가 다양한 자료들이 혼재하고 있는 것이다. 따라서 서원운영과 관련된 고문서, 필사본은 확인할 수 있지만, 서원 소장 장서는 정확한 구분이 어렵게 되었다. 서원 소장 책판들은 입교당 뒤쪽에 위치한 장판각 안에 서가를 만들어 보관하고 있었는데, 다른 전적 등과 더불어 류성룡의 종택인 충효당으로 옮겨져 행랑채에 보관되었다.

병산서원 소장 전적 자료 및 고문서, 책판 등 각종 동산문화재는 현재 한국국학진흥원에 위탁되어 관리되고 있다. 2008년에 국보 제132호인 『징비록』, 『진사록』과 『군문등록』 등 보물 자료를 포함해 6,174점이 위탁되었으며, 2009년에는 전적 및 현판 3,689점을 위탁하였다.

1. 장서

병산서원 소장 전적의 규모를 명확히 파악하기는 어렵지만, 18세기 이전의 소장자료에 대해서는 남아 있는 『병산서원서책목록』을 통해 대체적인 내용은 확인할 수 있다. 이 장서목록은 모두 다섯 시기에 걸쳐 작성된 것으로 1차 인조 17년(1639), 2차 현종 14년(1673), 3차 영조 35년(1759), 4차 영조 42년(1766), 5차는 영조 45년(1769)이다.[37] 이 장서 목록은 당시 서원에서 소장한 전적명을 기록하고, 그 전적의 현존 유무 · 구비년도, 대출기록 등을 기재해 놓은 것이다. 이 목록은 17세기 중반부터 18세기 후반에 이르기까지 약 130년간의 기록으로, 초창기 병산서원의 장서 규모와 운영형태를 파악할 수 있게 해준다. 특히 병산서원에서 보관하고 있었던 『징비록』, 『서애선생별집』을 비롯하여 『오리집梧里集』(이원익), 『탄옹집炭翁集』(권시) 등 일부 서적의 간행 연도와 편찬 연도 및 유통경로를 파악할 수 있다.

병산서원 장서 목록은 1969년 국회도서관에서 간행한 『이조서원문고목록李朝書院文庫目錄』 '병산서원'편에 모두 수록되어 있는데 총 1,071종 3,039책이다. 유형별로 보면 경서 71종, 역사 52종, 전기 174종, 유가 54종, 천문 3종, 의가醫家 4종, 도가道家 1종, 유서類書 8종, 문집 693종, 기타 11종 등으로 구분된다.

병산서원은 출판의 기능도 가지고 있었다. 정조 2년(1788)에 서유구徐有榘가 편찬한 『누판고鏤板考』에 의하면 이때까지 모두 3종의 책자를 직접 간행하였음이 확인된다. 그러나 여기에는 누락된 부분도 있고 또

37 박현규, 「屛山書院書冊目錄의 분석과 그 특징」, 『書誌學報』 14, 1994; 옥영정, 「병산서원」 〈병산서원의 장서와 출판서적〉, 『한국의 서원유산』 I, 한국서원연합회, 2014, 365~374쪽 참조.

『서책목록』(1673)(한국국학진흥원 소장 - 풍산류씨 서애파문중, 병산서원운영위원회 기탁자료)

이후에도 여러 종의 책판이 생산되었다고 본다. 병산서원 간행 서적으로 『서애묵적西厓墨蹟』, 『수암선생문집』, 『수암선생연보』, 『병곡선생문집屛谷先生文集』(권구權矩) 등은 간기를 확인할 수 있다. 병산서원 소장 책판으로 실물이 전하는 것으로 『도산급문록변정陶山及門錄辨訂』, 『도산급문록추변陶山及門錄追辨』, 『동몽수지童蒙須知』, 『서애선생문집』 등이 알려져 있다.

2. (성책)고문서

병산서원은 조선후기 안동지역 나아가 영남 남인의 교육 · 정치 · 사회적 활동의 중심지로서 역할하였다는 점에서 서원 운영과 관련된 많은 고문서가 생성되었다. 병산서원 운영과 관련된 고문서는 대부분 한국학중앙연구원 장서각에서 발간한『고문서집성』20집에 수록되어 있다. 이들 자료들을 서원 조직 및 운영, 향사, 교육 등으로 나누어서 그 대표적인 것들의 특징을 간단히 살펴보기로 한다.[38]

1) 조직, 운영

서원의 조직과 운영에 관한 내용을 담고 있는 자료로는『원안요람院案要覽』,『병산서원기사屛山書院記事』,『병산서원원임록屛山書院院任錄』,『병산서원입원록屛山書院入院錄』(1718년) 등이 있다.

『원안요람』은 서원 운영에 필요한 제반 사항들을 종합적으로 정리해 놓은 문건으로 모두 3종이 전하고 있다. 이 중 시기가 가장 앞선 것은 헌종 7년(1841) 당시 원장인 이정모李貞模가 주도하여 재유사와 함께 편찬한『원안요람』이다. 이정모는 풍산류씨 서애파 종손인 류운柳澐의 외종손外從孫이다. 요람의 말미에 수록된「지문識文」에서 이정모는 서원이 건립된 후 오랜 세월이 지나면서 서원의 문서와 고적古蹟들이 훼손되고 멸실되어 임원들이 서원 운영과 관련하여 의심스러운 부문이 있어도 참고할 만한 자료가 없어 어려움을 겪고 있으며, 또 잘못된 내용이 계속 전수되는 문제도 발생하고 있음을 지적하였다. 이어 이런 문제를 해결하

38 이하 서술은 강문식,「병산서원 소장 고문헌 기초 연구: 서애학의 지식문화적 지취」,『한국의 서원 문헌 아카이브 구축을 위한 학술포럼』, 2023, 163~169쪽; 정구복,「屛山書院 古文書 解題」,『고문서집성』20, 한국학중앙연구원 장서각, 2001을 참조하여 서술하였다.

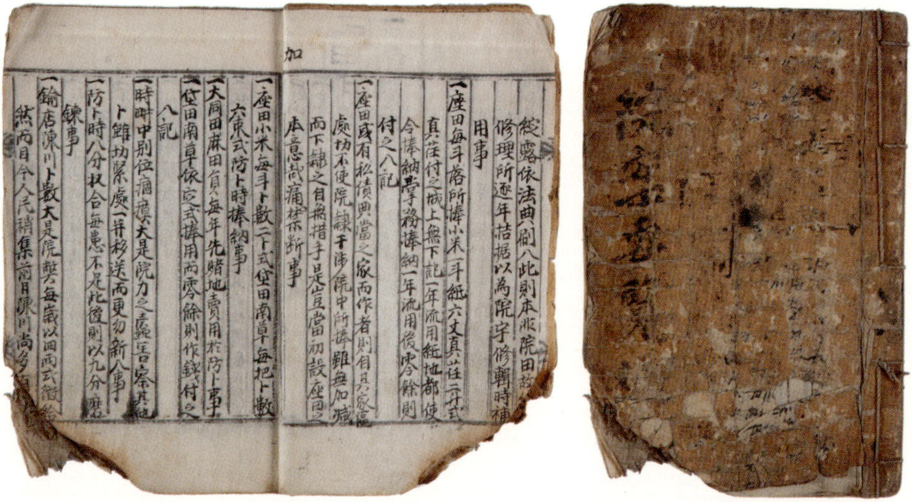

『원안요람』(한국국학진흥원 소장 - 풍산류씨 서애파문중, 병산서원운영위원회 기탁자료)

기 위해 서원 관련 문적들을 수집 · 고열考閱하여 하나의 책자를 만들고 '원안요람'으로 명명했음을 밝혔다. 요람에는 병산서원 소유의 제기 및 각종 잡물과 서적의 관리, 전답과 노비에 관한 수세收稅 · 수공收貢 등에 관한 내용이 수록되어 있다. 1853년『원안요람』은 서원 재유사의 주도로 개안改案된 것으로 이정모의 요람 이후에 변동된 내용을 추가로 기록한 것이다. 1883-1896년『원안요람』은 1883년에 개안된 요람과 1896년에 수정된 내용을 기록한 것이다. 이 요람은 서원운영에 실제적으로 필요한 규정을 적고 있다는 점에서 매우 의미있는 자료이다.

『병산서원기사』는「원중가행조건院中可行條件」·「묘내의절廟內儀節」·「제촉변통완의祭燭變通完議」·「원사절목院事節目」등 병산서원 운영과 관련된 각종 규정 · 의례 · 절목 등을 수록한 문건이다. 특히 제향의례에 대한 내용이 상세하다. 문건의 내용을 볼 때 작성시기는 1717-1718년이고 작성자는 1717-1718년에 병산서원 원장을 맡았던 이협李浹으로 보인다. 앞의 『원안요람』과 더불어 병산서원 운영의 실상을 보여주는 내용을 담고 있다는 점에서 매우 중요한 자료이다.

『원임록』은 원장과 재유사 등 병산서원의 운영을 담당했던 임원들의 명단이다. 현재 병산서원의 『원임록』은 8책이 전하고 있는데, 제작과정이나 내용을 볼 때 두 그룹으로 나누어 볼 수 있다. 첫 번째는 ① 『1592년 이전-1640년 병산서원 원임록』, ② 『1652-1672년 병산서원 원임록』, ③ 『1592년 이전-1807년 병산서원 원임록』 등 3종이다. 이들 3종은 최초 작성 이후 임원의 변동이 있을 때 마다 그 내역을 계속 추록한 문서이다. 연도별로 원장과 재유사 · 고유사庫有司 · 유사들의 이름이 기록되어 있다.

두 번째는 ④ 『1592년 이전-1716년 병산서원 원임록』, ⑤ 『1717-1806년 병산서원 원임록』, ⑥ 『1807-1885년 병산서원 원임록』, ⑦ 『1887-1918년 병산서원 원임록』, ⑧ 『1995-1972년 병산서원 원임록』 등 5종이다. 이 중에서 ④와 ⑤는 1806-1807년 경에 함께 만들어진 것으로, 앞서 본 ①-③ 등의 기존 원임록을 바탕으로 1592년 이전부터 당시까지의 원임록을 일괄 정리한 목록이다. 또 내용 면에서도 원장과 재유사만 기록했을 뿐 고유사나 유사는 제외되어 있어서 재유사 외의 다른 유사도 포함되어 있는 ①-③의 기록 방식과 차이를 보인다. 그리고 ⑥-⑧은 ④ · ⑤의 체제를 따라서 이후 시기의 원장과 재유사 명단을 정리한 목록으로, 연도별로 임원 변동 사항을 계속 추록하는 방식으로 작성되었다. 한편 ⑧에 실린 서문에 따르면, 원래는 1919-1954년의 임원 명단을 정리한 『원임록』 1책이 있었으나 1950년 한국전쟁 과정에서 소실되었다고 한다.

『병산서원 입원록』(1718년)은 병산서원에 들어와서 공부한 원생의 명단을 시기별로 정리해 놓은 문건으로, 서원 건립 이전인 풍악서당 시절의 원생부터 소급하여 정리한 것으로 보인다. 본서에 기록된 마지막 입원 시기는 '무술년 9월'인데, 이때 서원에 들어온 유생 중 류성천柳聖天(1690-1746)의 생몰년을 고려해 볼 때, 이 무술년은 1718년임을 알 수 있다. 입원록에서 보면 원생의 입학은 3월이나 9월에 이루어지는 것이 일반적이었지만, 1661년과 1675년에는 1월에 입원이 시행되기도 하였다. 기재 사항으로는 관직, 생원 · 진사시 및 문과 급제 여부, 거주지 등이 기록되어 있다. 병산서원에서 이루어진 교육의 실상을 확인하는 데 있어 중요한 토대가 되는 자료라고 할 수 있다. 이외에도 『고문서집성』 20, '병산서원편'에는 실려 있지 않지만, 1601년 이전-1653년까지의 『입원록』이 있다.

'1851년 이계로 상서'는 이계로가 올린 병산서원 사액을 요청하는 내용의 상소로, 표제는 『병산서원연액시사실屛山書院延額時事實』이다. 상소의 뒤에는 상소를 받은 철종이 의정부에 논의를 지시하고, 조두순趙斗淳이 의정부의 의견을 수합하여 철종에게 병산서원 사액을 건의하여 재가를 받은 내용이 기록되어 있다.

2) 서원 경제

병산서원 경제관련 자료로는 『노비(추쇄)안』, 『전답안』, 「원생가속안院生假屬案」(『원안요람』), 「본촌가속기本村假屬記」(『원안요람』), 『정해년丁亥年 병산서원전여기屛山書院傳與記』 등이 있다.

『원노비(추쇄)안』은 병산서원의 경제적 기반의 하나인 서원소속 노비에 관한 문건으로 17-19세기에 걸쳐 모두 12건이 전한다. 기재 방식은 각 노비의 부모 이름과 소생所生 순서, 노비 이름, 출생연도, 거주지 등이다. 특별히 신공과 혼인 관계를 기록하기도 하였다. 또 도망간 노비나 사망한 노비에 대해서는 인적 사항 아래에 작은 글씨로 '도망', '고'라고 표시하였다. 병산서원의 경제규모를 파악하는 데 있어 중요한 근거가 되는 자료이다.

서원전과 관련해서는 1762년 『병산서원전답안』 1책이 있다. 이 책에서 보면 18세기 중엽 병산서원 전답은 약 40결 정도로 나타난다. 서원전과 관련해서는 『원안요람』 내에도 「병산서원전답두수안屛山書院田畓斗數案」 등의 자료가 있다.

『정해년 병산서원 전여기』는 병산서원 임원이 교체될 때 신 · 구 원임 간에 주고받은 인수인계 문서이다. 본 문건에는 정해년(1647)부터 무신년(1668) 사이에 작성된 15건의 인수인계 문서가 수록되어 있다. 전여기에는 인수인계가 이루어진 날짜, 곡식 · 면포 등 인수인계 물품의 종류 · 수량 및 사용내역, 그리고 전여한 전임 도유사 · 고유사와 전수한 신임 도유사 · 고유사의 성과 수결이 기록되어 있다. 당시의 서원 내 경제 사정을 파악할 수 있는 중요한 자료이다.

병산서원에 투탁한 피역자인 원속 관련 자료로 『원안요람』 내에 「원생가속안」, 「본촌가속기」 등이 있다. 1841년에는 원생가속으로 42명, 본촌가속으로 13명이, 1853년에는 원생가속으로 19명, 본촌가속으로 9명이 기록되어 있다. 『원안요람』에는 이외에도 다양한 경제관계 기록들이 있다.

3) 서원 향사

병산서원의 향사와 관련된 자료는 『1610-1614년 병산서원봉안록』, 『1614-1639년 병산서원 춘추향사집사분정기』, 『1658-1664년 병산서원 향사집사분정』, 『1666-1698년 병산서원 집사록』, 『1723-1735년 병산서원 집사록』, 『1823-1826년 병산서원 분향록』, 『1615-1617년 병산서원제기』, 『병산서원 제수물목』, 『1629년 정경세제문』, 『1659 병산서원제문』 등이 있다.

『1610-1614년 병산서원봉안록』은 1610년부터 1614년까지 류성룡을 병산서원에 봉안한 과정과 관련된 내용을 정리해 놓은 책이다. 먼저 1610년과 1612년에 류성룡의 봉안을 추진하고 준비한 각종 유사들의 명단을 정리한 「묘유사록」이 수록되어 있다. 이어 1614년에 류성룡을 봉안할 때의 제문인 「서애류선생 봉안제문」이 실려있는데, 찬자는 당시 강릉부사였던 정경세이다. 제문 뒤에는 1614년 류성룡 봉안 의례에서 헌관, 대축, 찬자, 알자 등을 담당했던 사람들의 명단인 「집사록」이 있다.

『1614-1639년 병산서원 춘추향사집사분정기』, 『1658-1664년 병산서원 향사집사분정』, 『1666-1698년 병산서원 집사록』, 『1723-1735년 병산서원 집사록』 등은 각 시기 병산서원 춘추 향사에 헌관 · 전사奠司 · 진설

·대축 등 집사를 담당했던 사람들의 명단이다. 『1823-1826년 병산서원 분향록』은 1823년 7월부터 1826년 11월까지 병산서원에서 분향한 사람들의 명단으로 매달 삭망, 정월의 정알正謁, 춘추 향사 때 분향자의 이름을 기록하였다.

『1615-1617년 병산서원제기』는 병산서원 임원이 교체되는 과정에서 서원에 소장된 각종 제기들을 인수인계한 내용이 기록된 문서로, 1615년과 1617년의 인수인계 문서가 한 책으로 합해져 있다. 제기의 종류와 수량 등이 수록되어 있다.

『병산서원 제수물목』은 병산서원에서 류성룡(정위)과 류진(종사위)에게 제사를 올릴 때 사용한 제수물품의 내역을 기록한 목록이다. 「정위 제수물목」과 「종사위 제수물목」의 두 부분으로 구분하여 제수물품의 종류와 수량을 기록하였다. 또 물품 내역 아래에 개별 향사에서 발생했던 제수 관련 변동상황을 기록해 놓은 경우들도 있는데, 예를 들어 녹해鹿醢를 어해魚醢로 대체한 경우 녹해 항목 아래에 "기해년 가을 향사에서는 어해로 대신하였다己亥秋享時 代以魚醢"라는 식으로 기재하였다.

『1629년 정경세제문』은 1629년 류성룡의 위패를 환안할 때에 정경세가 지은 제문으로 원제목은 '숭정 2년 기사 3월 1일 문충공 서애류선생 환안제문'이다. 제문 다음에는 환안 제례를 주관한 집사의 명단이 수록되어 있다. 『1659 병산서원제문』은 류성룡의 3자 류진이 병산서원에 종향된 후 작성된 제문들을 모아 놓은 것으로, 「정위제문正位祭文」, 「종향제문從享祭文」, 「병산종향고사유문屛山從享 告事由文」 등 여러 편의 글이 수록되어 있다.

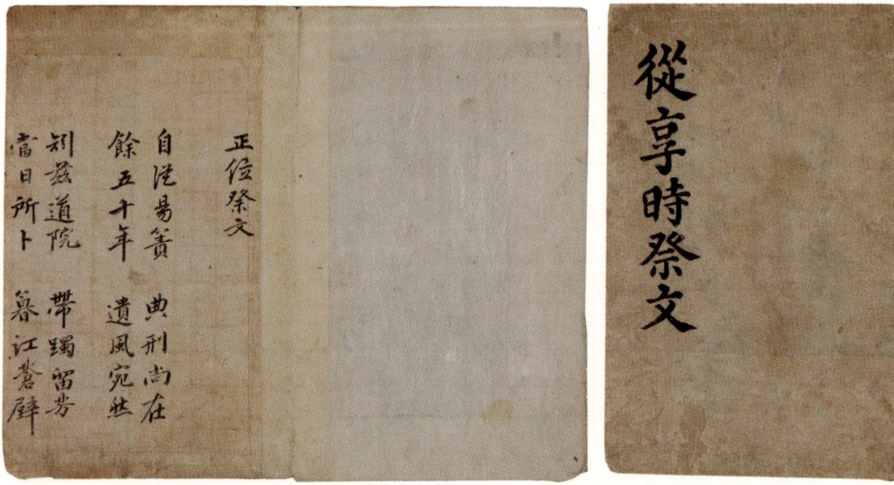

『종향시제문』(한국국학진흥원 소장 - 풍산류씨 서애파문중, 병산서원운영위원회 기탁자료)

4) 서원 교육

병산서원 교육에 관한 자료로는 『1781-1782년 병산서원 거재안』, 『1789년 병산서원 강안』 등이 전하고 있다. 『1781-1782년 병산서원 거재안』은 병산서원에 기거하면서 공부했던 유생들의 명단과 공부한 서적 등을 기록해 놓은 문건이다. 본서는 「신축년 통독안」, 「신축(1781) 10월 거재안」, 「임인(1782) 10월 거재안」 등 세 부분으로 구성되어 있다. 「신축년 통독안」은 1781년 5월 11일부터 14일까지 병산서원에서 개최된 『대학』 통독회에 관한 내용을 기록한 것이다. 앞에 당시 병산서원 원장이었던 류종춘(1720-1795)이 지은 〈병산서원통독안서〉가 있고, 이어 통독회에 참여한 유생들의 명단인 〈통독시회안通讀時會案〉이 실려있다.

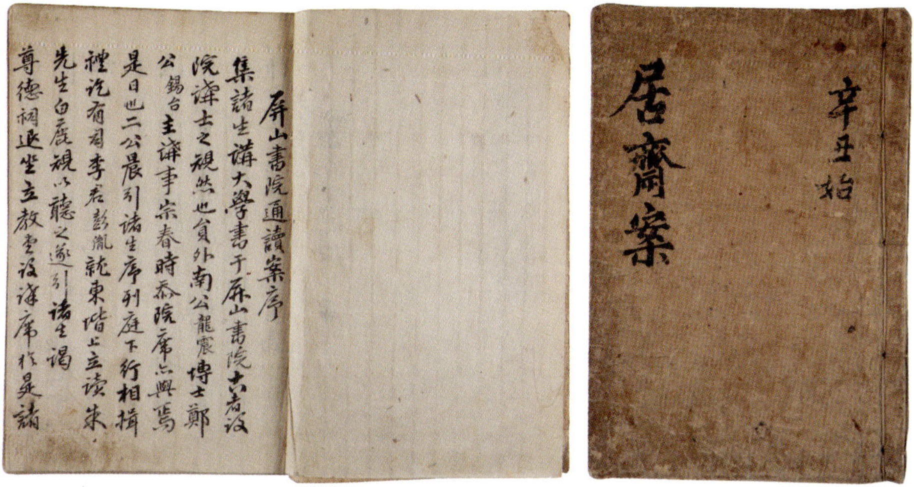

『거재안』(1781년)(한국국학진흥원 소장 - 풍산류씨 서애파문중, 병산서원운영위원회 기탁자료)

『1789년 병산서원 강안』은 병산서원에서 개최된 경서 강론에 참여한 유생들에 관한 문건이다. 서두의 "기유 2월 초1일 설강강생設講講生"이라는 기록을 통해 이 강안이 기유(1789)년의 강론 기록임을 알 수 있다. 이 강안에는 2건의 강안이 수록되어 있는데, 첫 번째 것은 1789년 2월 1일에 실시된 강론의 기록이고, 두 번째 것은 같은 해 4월 2일에 개최된 강론의 기록이다.

두 강안에는 강론에 참여한 유생들의 이름과 자, 출생연도 강론한 경서 이름(편명篇名 포함), 강론 성적 등이 기록되어 있다. 강론 성적은 순통, 통, 약, 조 등 4개 등급으로 나누어 기록하였다. 또 유생들과 별도로 강론에 참여했던 동몽의 명단도 수록되어 있는데, 2월 강안에는 동몽의 성명과 출생연도만 실려 있는 반면, 4월 강안에는 동몽의 성명과 강론한 경서명, 성적 등이 기록되어 있다.

서원 건축

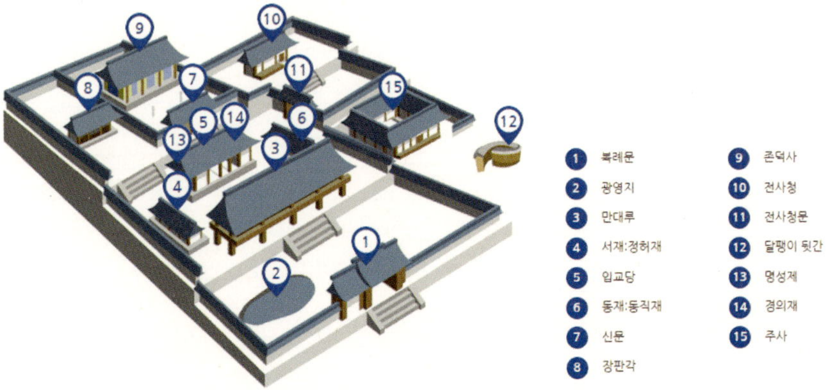

병산서원 공간구성(병산서원 홈페이지 제공)

서원의 공간은 제향공간, 강학공간, 유식공간 등 세 영역으로 이루어졌다. 조선시대 서원은 일반적으로 유식기능을 가진 건물들을 서원 영역의 가장 앞부분에, 강학기능을 가진 건물을 그 다음 부분에, 제향 기능을 가진 건물을 가장 뒷부분에 배치하였다. 이러한 배치를 전학후묘前學後廟 형식이라 한다. 이렇게 건립된 서원이 들어선 터는 산기슭 아래에 바짝 붙여서 주로 앞이 낮고 뒤가 높은 경사를 이룬 곳이다. 병산서원은 이러한 서원 배치의 전형을 보여준다. 또한 자연과 조화된 한국 서원 건축공간의 전형적인 모습을 보여주고 있다.[39]

병산서원 경내의 건축물로는 복례문復禮門, 만대루晩對樓, 입교당立

39 이상해, 「병산서원」 〈병산서원의 경관, 건축 및 공간〉, 『한국의 서원유산』 I, 한국서원연합회, 2014, 378~391쪽. 이하 서술은 이 글을 주로 참고하여 정리하였다.

教堂, 동재, 서재, 장판각, 고직사, 내삼문, 존덕사尊德祠, 전사청 능이 있다. 복례문은 서원의 정문이다. 복례문은 본래 만대루 동쪽에 있었다. 『입교당중수시일기』에 의하면 복례문은 1921년에 현재의 위치로 이건하여 중건한 정면 3칸, 측면 1칸 규모의 팔작지붕을 한 솟을대문이다. 가운데 칸은 출입문, 서쪽 칸은 선반을 걸어 제수를 운반하는 작은 가마를 올려놓았던 헛간, 동쪽 칸은 탈 것 등을 보관하는 헛간이다. '복례復禮'는 『논어』「안연顔淵」편에 나오는 '극기복례위인克己復禮爲仁'에서 따온 말이다. "자기를 누르고 예로 돌아감이 인이다"라는 이 뜻은 곧 세속적인 자신의 마음과 자세를 극복하고 예를 다시 갖추라는 뜻을 담고 있다.

복례문을 들어서면 맞은 편 한 단 높은 곳에 옆으로 길게 만대루가 서 있다. 만대루는 정면 7칸, 측면 2칸 규모에 무익공 3량가 팔작지붕으로 꾸민 누각이다. 2층 누마루 주위에는 계자각 난간을 돌렸고, 벽체가 기둥과 들보, 그리고 기타 구조체로 조영된 뻥 뚫린 건물이다. 서원은 이 누 밑을 지나 강당 앞마당으로 들어서게 되어 있다. 자연 그대로의 기둥으로 구성된 아래층과는 대조적으로 위층은 반듯하게 다듬은 누마루 기둥들이 정제된 공간을 형성하고 있다. 만대루 2층 다락 누마루에 오르면 한쪽으로는 병산과 낙동강이 펼쳐지는 주변 풍광을 다 끌어안을 수 있고, 다른 한쪽으로는 서원 일곽을 한눈에 살필 수 있다. 만대루는 병산의 산살을 제어하기 위해 길게 세운 건물인데, 그 결과는 병산서원과 서원 앞의 자연경관을 하나로 합쳐 극적인 공간을 연출하는 구조물이 되었다.

만대루는 유식공간이다. 만대는 중국 당나라 때 시인 두보杜甫(712-770)의 시 '백제성루白帝城樓'에 나오는 "강이 지나는 한산의 누각이요,

만대루(병산서원 홈페이지 제공)

성이 드높은 변경의 보루구나. 푸른 병풍처럼 둘러쳐진 절벽 산은 저녁 어스름에 마주 대할만하고, 흰 바위 골짜기는 깊이 노닐기에 알맞네江度寒山閣 城高絶塞樓 翠屛宜晩對 白谷會深遊"에서 따온 것이다. 만대루는 유생들의 유식공간으로, 풍광을 바라다보며 시회詩會 등을 가졌던 장소이다. 특히 자연경관이 빼어난 만대루는 유학자들이 추구하는 천인합일의 경지로 나아가게 하는 공간이기도 하다. 병산서원 입구에서 보는 것과는 달리 만대루에서 9개의 기둥 사이로 보이는 풍경은 한폭의 병풍을 펼쳐놓은 듯하다.

만대루와 복례문 사이의 공간 서쪽으로는 물길을 끌어 만든 작은 연

광영지(한국국학진흥원 제공)

당 광영지光影池가 있는데, 연당 가운데 원형의 작은 섬이 조성되어 있다. 하늘은 둥글고 땅은 네모지다는 천원지방天圓地方의 원리를 나타낸 방지方池다. 이 방지원도方池圓島의 수변에는 봄부터 붉게 피는 배롱나무와 사철 청청한 대나무가 식재되어 있다.

만대루와 마당을 사이에 두고 마주하는 건물은 강당인 입교당이다. 입교당은 "유생들이 배워야 할 성현의 가르침인 오륜을 바르게 세운다"는 의미를 담고 있다. 입교당은 정면 5칸, 측면 2칸의 팔작기와집 겹처마 건물로 가구架構는 5량樑이다. 강당 가운데 중앙의 3칸은 대청마루이고 양쪽 각 1칸은 협실인 온돌방이다. 동쪽의 협실은 명성재明誠齋, 서쪽은 경의재敬義齋라는 현판이 걸려있다.

강당은 유생들이 원내의 여러 행사와 유림의 회합 및 강론 장소로 사용하는 곳이다. 동쪽의 명성재는 원장이 기거하는 곳으로, 이곳에 앉으면 서원의 모든 곳이 읽힌다. 앞쪽으로는 동재와 서재가 마주보는 강학 공간, 그리고 만대루와 그 건너 자연이, 강당 동쪽 협문 밖으로는 전사청이, 강당 대청마루 뒤편의 판문 밖으로는 장판각이, 강당 동북쪽 뒤로는 전사청과 사우가 한눈에 들어온다. 서쪽 방 경의재는 유사들이 기거하는 곳이다.

동협실 이름인 '명성'은 『중용』 장구 제 21장 "성誠으로 말미암아 밝아지는 것을 성性이라 하고 명明으로 말미암아 성해지는 것을 교敎라 이르니, 성誠하면 밝아지고 밝아지면 성誠해진다自誠明謂之性 自明誠謂之敎 誠則明矣 明則誠矣"에서 따온 말이다. 서협실 '경의'는 『주역』 「곤괘坤卦」 문언전文言傳에 "군자는 경敬으로 내면을 곧게 하고 의로써 외면을 바르게 한다君子 敬以直內 義以方外"에서 따온 말이다. 강당 내에는 '병산존덕사복향기'가 걸려있다. 여강서원에 모셨던 류성룡의 위패를 병산서원 존덕사로 옮겨 오면서 작성한 제자인 이준李埈의 기문이다.

강당 앞마당 좌우에는 원생이 기거하며 수학했던 동재와 서재가 서로 마주보며 위치하고 있는데, 두 건물은 각각 정면 4칸, 측면 1칸 반의 민도리집 맞배지붕 건물로 전면에는 툇칸을 조성했다. 동재는 가운데 1칸이 마루이고, 좌우에 각각 1칸, 2칸 크기가 다른 온돌방이 조성되었다.

동재의 편액인 '동직動直'은 주돈이의 『통서通書』에 나오는 구절로 경을 통해 마음을 수양하여 사욕이 없는 경지에 나아가기를 바라는 뜻이

동재(한국국학진흥원 제공)

서재(한국국학진흥원 제공)

내재해 있다. 서재는 평면구성은 동재와 같다. 서재의 편액인 '정허靜虛'는 『통서』의 "욕심이 없으면 고요할 때는 텅 비고 움직일 때는 곧게 된다"는 구절을 인용한 것이다. 복례문, 만대루, 입교당, 동재 · 서재의 편액 글씨는 류성룡의 제자로 글씨에 뛰어난 곡강曲江 이호李瑚가 썼다고 한다.

경의재와 서재의 서쪽 들창문을 열면 하회마을의 안산인 마늘봉이 보인다. 마늘봉은 문필봉 형상을 하고 있어서 하회마을의 충효당이 이 산을 향해 배치될 정도로 중요한 산이다. 문필봉을 향하는 곳에 있는 건물에 거주하면 문필가인 선비가 나온다고 한다. 이런 이유 때문에 문필봉이 보이는 곳에 창문을 내었다는 이야기가 전한다.

강당 서북쪽 뒤에 위치한 장판각은 민도리집 계열에 속하는 건물로서 책을 찍는 목판과 유물을 보관하던 건물이다. 장판각 바닥은 지면에서 띄웠고 벽체는 판벽으로 만들었는데, 이는 목판이 습기로부터 훼손되지 않도록 자연에 의하여 기후조절이 되도록 한 것이다. 장판각의 목판과 유물들은 하회마을 충효당의 영모각에 옮겨 보관되었다가 현재는 한국국학진흥원에 위탁 보관하고 있다.

강당 동남쪽 담 바깥에 위치한 고직사는 주소廚所라고도 하는데, 서원에 필요한 제반 물품들을 제공하고 준비하며 관리하는 곳이다. 고직사에는 방, 헛간, 고방, 방앗간, 부엌 등이 들어서 있다. 신문은 서원의 내삼문內三門에 해당하며 향사 때 제관과 제물이 출입하는 문이다. 정면 3칸의 솟을삼문으로 부정한 것을 막기 위해 붉은색을 칠하였다. 향사례에서 집례를 맡은 임원들만 신문 안으로 들어갈 수 있으며 일반 유생들은 신문 밖 마당에서 참관한다.

서원에서 가장 높은 곳에 위치한 사우인 존덕사는 정면 3칸, 측면 2칸 규모의 단층 맞배기와집으로 지붕에 풍판이 설치되어 있다. 처마는 겹처마로 단청이 되어 있다. 존덕사 내부 북쪽 벽에 류성룡을 주벽으로 모시고, 동쪽 벽에 류진을 종향하고 있다. 존덕사 앞 동측 계단 옆에는 제향 시 사우에 들어가기 전에 헌관이 손을 씻어 몸과 마음을 정결하게 하는 관세대盥洗臺가 있고, 기단의 양측 계단 앞에는 8각 석주 위에 반원구의 돌을 얹어 놓은 대석이 있는데. 이 시설물은 제향 때 관솔불을 켜 놓는 정료대庭燎臺이다. '존덕'은 류성룡의 학덕을 존모한다는 의미이다. 사당의 삼문에는 태극太極이, 삼문 기둥에는 팔괘八卦가 그려져 있는 것이 특이하다.

존덕사 동남쪽에는 전사청이 독립된 영역을 형성하여 위치한다. 대개는 사당과 한 울타리 안에 두는데 병산서원은 전사청과 사당이 담으로 분리되어 있다. 전사청은 향사하기 전날 고직사에서 준비한 제수를 법식에 맞게 가공하여 보관하는 곳이다. 전사청은 부엌 1칸, 온돌방 1칸,

존덕사(한국국학진흥원 제공)

마루방 1칸으로 구성되었으며, 두 개의 방 전면에는 쪽마루를 놓아 제향 시 제수를 운반하기 편하도록 하였다. 건물의 바닥을 지면에서 높여 땅에서 올라오는 습기를 막도록 하였다. 병산서원은 사적 제 260호로 지정되었으며, 만대루는 보물 제 2104호로 지정되어 있다.

제향의식과 절차

1. 향사

1) 향사일시

병산서원 향사는 매년 음력 3월, 9월 상정일上丁日에 행사한다. 서원은 중월 즉 음력 2월, 8월에 봉행하는 것이 일반적이지만, 안동에서는 스승인 퇴계의 도산서원 향사가 춘추 중월 중정일中丁日에 행사하기 때문에 병산서원은 이를 피해 음력 3월, 9월 상정일에 봉행해 오고 있다. 행사시각은 종래 축시丑時(오전 1-3시)에 지내왔으나 서원재단에서 설립한 풍산중고등학교 학생들이 참례하는 관계로 학생들의 수업 편의를 위하여 이른 아침에 행사하는 것으로 변경하였다.[40]

2) 향사준비

제관천망

병산서원 향사의 헌관 및 제집사는 서원운영위원회에서 선임하여 망기望記를 보내어 위촉한다. 향사

40 『서원향사』- 병산서원 · 옥산서원, 국립문화재연구소, 2012, 43~122쪽 참조. 이하 서술은 이글을 주로 참고하여 정리하였다.

약 한달 전 운영위원회에서 헌관을 비롯하여 축과 집례 등 6 집사를 미리 선임하고 망기를 발송한다. 초헌관은 원장이 되고 아헌관 · 종헌관 ·

향사 준비(한국국학진흥원 제공)

분헌관 등 헌관 3인은 유림의 지도자로서 덕망 있는 인사 중에서 선임한다.

제수구입

제수는 유사가 중심이 되어 구입한다. 그 외 제관들을 접대할 음식 등도 함께 구입한다. 특히 제수로 사용할 것들은 크고 깨끗한 것을 구입하며 가격을 흥정하지 않는다.

제주 담그기

제주는 서원에서 담근 것을 사용하다가 지금은 서애 종택 충효당에서 담근 가양주를 사용한다.

3) 재계齋戒

입재入齋

종래에는 향사 3일 전에 입재하였으나 지금은 전일 입재를 한다. 그러나 유사들은 향사 2일 전부터 제물 장보기를 비롯하여 제기 점검 및 제수 근봉 등 향사 준비를 한다. 제관들은 입재일 오후 3시까지 서원에 도착하여 복례문(정문) 밖에서 예복을 갖추고 서원에 들어간다. 제관들은 먼저 시도기時到記에 등록을 한다.

알묘례

시도기 등록이 끝나면 모든 제관은 사당에 나아가 알묘례를 거행한다. 일묘례 후 향사 절차와 동선을 익히기 위해 습례習禮를 행한다.

축문사축祝文寫祝

습례가 끝나면 축은 초헌관을 모시고 묘우(존덕사) 월대 위 서단에 마련된 상에서 축문을 사축한다. 축은 북향하여 앉아 쓰고 초헌관은 동쪽에서 서향하여 앉아 이를 감독한다. 사축이 끝나면 모든 제관은 입교당 강당에서 저녁 식사를 한다.

집사분정

석식 후 7시경이 되면 모두 입교당(강당)에 모여서 제관 분정을 한다. 분정례는 미리 정한 삼헌관과 축, 장의(집례) 이외의 역할을 맡을 집사들을 선출하는 과정이다. 분정은 강당의 서북쪽 벽에 걸려 있는 제관 분정판을 내려 지난번 향사 시의 분정 명단을 떼어내고, 이번 향사의 제관 명단을 다시 써서 붙이는 절차이다. 분정판은 원위元位와 종향위從享位 둘로 나뉘어 있다. 종향위에는 헌관은 분헌관 1인만 있고 축이 없다.

학學	관盥	척滌	장掌	공供	사司	전奠	봉奉	봉奉	봉奉	찬贊	알謁	찬贊	진陳	축祝	종終	아亞	초初
생生	세洗	기器	찬饌	반飯	준尊	작爵	작爵	로爐	향香	인引	자者	자者	설設		헌獻	헌獻	헌獻
	위位														관官	관官	관官
원原																	

집사분정 원위

학學 척滌 장掌 공供 사司 전奠 봉奉 봉奉 봉奉 진陳 헌獻
생生 기器 찬饌 반飯 준尊 작爵 작爵 로爐 향香 설設 관官

원原

집사분정 종향위

분정이 끝나면 학생이 분정판을 들고 먼저 초헌관에게 보여 드린 후 좌중을 한 바퀴 돌며 분정에 오류가 없는지를 확인하게 함과 아울러 각자의 소임을 주지시킨 후 다시 원 위치에 게판揭板한다. 이 명단은 6개월 후 다음 향사까지 붙어 있게 된다.

제물봉치祭物奉置

제물봉치는 정해진 향사 물목단자와 대조하면서 제수의 종류와 수량을 확인하는 절차이다. 확인된 제물은 더 이상 손이 타지 못하도록 종이에 근봉謹封이라고 써서 봉한다. 제물 근봉을 마치면 주사에서 주안상을 마련하여 초헌관 이하 입회한 제관 및 유사들에게 올린다. 주안상을 물리면 근봉한 제물을 전사청으로 옮겨서 봉치奉置한다. 이때 초헌관을 비롯하여 모든 제관들은 사당 아래에 2열로 도열하였다가 제물이 사당으로 들어갈 때 읍으로서 예를 갖춘다. 제물봉치가 끝나면 제관과 유생들에게 야화(밤참)로 과일, 떡 그리고 술 등이 차려진 상이 마련되어 환담하는 자리를 갖는다.

집사분정(한국국학진흥원 제공)

제물진설

제물은 향사 당일 새벽에 다시 각 품목별로 소정의 제기에 담아 진설한다. 아침 6시경 진설 담당 집사들은 전날 밤 봉치 시에 근봉한 용기를 개봉하여 정위와 종사위로 구분하여 실찬實饌한다. 변두는 정위에 4변 4두, 종사위에 2변 2두로 차등을 두고, 보궤는 1보 1궤, 희생은 저생猪牲(돼지) 한가지로 정위와 종사위 모두 같다.

4) 향사절차

취위就位

향사 당일 6시 30분경 제관들은 예복으로 의관을 정제하고 강당 대청에 개좌한다. 헌관들은 관복 차림에 사모를 쓰고 목화를 신고 홀을 든다. 초헌관은 당상관이 입는 자색 관복, 다른 헌관은 당하관이 입는 청색 관복을 입어 역할을 구별하였다. 다른 제관들은 모두 도포를 입고 유건을 쓴 유복 차림이다.

제관들은 사당 문외위에 두줄로 마주보며 상읍례를 행한다. 알자와 찬인이 먼저 묘정 계간 배위에 나아가 재배한 후 자리에 들어간다. 모든 집사들은 묘우에 출입할 때 동문으로 들어가고 동문으로 나온다. 찬자(집례)의 창홀唱笏에 따라 알자와 찬인이 각각 헌관을 헌관위에 인도한다. 축은 주독主櫝을 개독하고 보궤의 뚜껑을 연다. 위패에는 정위에 '영의정문충공서애류선생領議政文忠公西厓柳先生', 종사위에는 '증이조참판수암류공贈吏曹參判修巖柳公'이라 적혀 있다. 헌관들은 알자와 찬인의 인도를 받아 헌관 배위에 들어가 재배

정위: 류성룡 위패
(한국국학진흥원 제공)

종사위: 류진 위패
(한국국학진흥원 제공)

한다. 알자가 초헌관 왼쪽에 나아가 행사하기를 정하면 성식으로 행사가 시작된다.

분향례

초헌관이 알자의 인도를 받아 관세위에 이르러 손을 씻고 신위전에 나아가 꿇어 앉아 향을 세 번 피운다. 삼상향三上香을 마치면 초헌관은 자리로 돌아온다. 헌관은 묘를 출입할 때 중문으로 들어가고 나올 때는 동문으로 나온다. 병산서원에서는 분향례만 행하고, 폐백을 올리는 전폐례는 없다.

초헌례初獻禮

초헌례는 신위께 첫 번째 술잔을 올리는 의례이다. 초헌관이 알자의 인도를 받아 준소에 가서 사준이 작주하는 것을 살핀 후, 신위전에 나아가 헌작한다. 봉작은 술을 받아 헌관의 오른쪽에 나아가 꿇어앉아 헌관에게 드린다. 헌관은 작을 받아 두손으로 받들어 헌작한 후 전작에게 주어 신위전 서쪽 제 1점에 올린다. 축이 헌관의 왼쪽에서 동향하여 꿇어앉아 축문을 읽는다. 이때 초헌관은 부복하고, 제관들은 국궁鞠躬한다. 독축이 끝나면 초헌관은 일어나 자리로 돌아간다.

아헌례亞獻禮

아헌례는 신위께 두 번째 술잔을 올리는 의례이다. 아헌관이 찬인의 인도를 받아 관세위에 나아가 손을 씻고 초헌 때와 같은 순서로 준소를

분향례((재)세계유산 한국의 서원 통합관리센터 제공)

초헌례((재)세계유산 한국의 서원 통합관리센터 제공)

거쳐 신위전에 나아가 헌작한다. 의례 절차는 초헌례 때와 같지만 축문 낭독이 없고 작을 제 2점에 올리는 것이 다르다.

종헌례終獻禮

종헌례는 신위께 세 번째 술잔을 올리는 순서이다. 종헌관은 정위에 헌작하고, 동시에 분헌관은 종사위에게 분헌례를 행한다. 종헌관과 분헌관은 찬인의 인도를 받아 함께 관세위에 나아가 손을 씻고 종헌관은 정위 준소, 분헌관은 종사위의 준소를 거쳐 각각 정위와 종사위의 신위전에 나아가 꿇어앉는다. 종헌관은 정위에 헌작하고, 분헌관은 종사위에 삼상향한 후 헌작한다. 헌작이 끝나면 모두 자리에 돌아간다.

음복례飮福禮

음복례는 초헌관이 음복위에 나아가 신이 흠향한 술과 안주를 음복하는 의례이다. 축이 준소에 나아가 음복잔에 복주를 뜨고, 다시 도마와 칼을 들고 신위전의 조육胙肉을 조금 덜어낸다. 초헌관은 알자의 인도를 받아 묘우 서문 앞에 마련된 음복위에 나아가 서향하여 꿇어앉는다. 축이 헌관의 좌측에 나아가 북향하여 꿇어앉아 술잔을 헌관에게 드리면, 헌관이 이를 받아 마신다. 빈잔은 축에게 주어 준소에 돌려놓는다. 축이 조육을 헌관에게 드리면 헌관은 조를 받아 맛보고 다시 축에게 주면 축은 이를 받아 동쪽 계단으로 내려온다. 초헌관이 자리에 돌아가면 헌관들은 모두 함께 재배한다.

철변두撤籩豆

철변두는 제향이 끝나고 제물을 거두는 의례이다. 축이 신위전에 올라가 변과 두를 하나씩 조금 옮겨놓는 것으로 대신한다. 철변두가 끝나면 제위자 및 학생은 모두 함께 재배한다. 이로써 신위께 드리는 모든 의례는 끝나게 되므로 축은 주독을 닫는다.

망예望瘞

망예는 제향을 마치고 축문을 땅에 묻는 의례이다. 초헌관이 알자의 인도를 받아 묘우 서쪽에 있는 망예위에 나아가 북향하여 선다. 축이 축판을 들고 서쪽 계단으로 내려가 감坎(구덩이)에 묻는다.

이로써 모든 의례를 마치고 알자가 초헌관의 왼쪽에 나아가 예를 마쳤음(예필禮畢)을 고한다. 헌관은 알자와 찬인의 인도를 받아 나간다. 축과 제집사는 모두 배위에 내려가 재배한 후 나간다. 마지막으로 알자와 찬인은 배위에 내려가 재배한 후 나간다.

음복례飮福禮

아침 7시 입교당에 개좌하여 음복례를 행한다. 학생이 "개좌 아뢰오"를 세 번 외치면 헌관 이하 모든 제관이 입교당의 동서남쪽에서 중앙을 향해 도열하여 서서 상읍례를 행한 후, 좌정하면 음복상이 들어온다. 음복상은 헌관들은 모두 독상으로 예의를 차렸고 기타 제관들은 두 사람씩 겸상으로 차렸다. 음복상에는 제향에 사용한 포와 해, 과일이 조금씩 올랐고 술잔이 놓여 있다.

망예례((재)세계유산 한국의 서원 통합관리센터 제공)

음복례((재)세계유산 한국의 서원 통합관리센터 제공)

학생이 주전자를 들고 초헌관으로부터 차례로 술을 따르고 난 후, “초헌관님 순배巡杯 아뢰오”를 세 번 외치면 모두 잔을 들고 상읍한 후 마시고, 마신 후에 다시 상읍을 하고 잔을 내려놓는다. 다음은 아헌관의 순배 차례이다. 아헌관의 술잔에 먼저 따르고 나서 초헌관, 종헌관 및 제관의 순으로 차례로 술을 따른다. “아헌관님 순배아뢰오”를 세 번 외치면 역시 상읍한 후 술을 마신다. 이어서 같은 방법으로 종헌관 순배를 한다. 삼헌관의 순배가 모두 끝나면 제집사 중에서 나이가 가장 적은 사람(조사曹司)이 헌관 앞으로 나와 쪼그려 앉아 “제사공론祭祀公論 합시다”라고 말한다.

그리고 축과 집례 및 다른 제관들을 향하여 같은 방법으로 공론을 청한다. 이에 문중 어른이 “제사 행례 중에 잘못된 것이 있으면 말씀해 주십시오”라고 한다. 별 의견이 없으면 다음 연장자가 다시 나와서 “행사에 실례는 없었습니까”라고 차례로 묻는다. 이때 의견이 있으면 거론하여 제사의 잘잘못을 평가하고 다른 의견이 없으면 “제사공론 마칩시다” 하고 공론을 끝낸다.

공론이 끝난 후에는 차기 임원에 대한 발표가 있다. 병산서원 임원은 운영위원회에서 선임하도록 되어 있기 때문에 이미 위원회에서 선임한 임원을 발표한다. 이로써 모든 회의를 끝내고 학생이 “파좌罷座합시다” 삼창으로 파좌하여 향사의 모든 예를 마친다.

향사의례는 서원 측에서 가장 중요하게 생각한 의식이다. 따라서 병산서원은 설립 이후부터 집사분정, 의절儀節, 취사聚士, 봉송封送, 제물 등 향사와 관련한 다양한 내용을 규정하기도 하였다. 이와 관련하여

향사기념 사진(한국국학진흥원 제공)

「향례취사개규통문享禮聚士改規通文」, 「묘내의절廟內儀節」, 「제향용여구처절목祭享用餘區處節目」, 「제촉변통완의祭燭變通完議」, 「향사시시탄등물개정규享祀時柴炭等物改定規」, 「원사절목院事節目」 등의 기록이 있다.[41]

41 『고문서집성』 20, 병산서원편, 『屛山書院記事』, 83~86쪽, 병산서원의 향사 의식은 정순우, 『서원의 사회사』, 태학사, 2013, 101~107쪽 참조.

2. 향사홀기

- 찬자, 알자와 찬인은 외위에서 먼저 배위에 나아가 재배하고 각자 자리로 들어가시오贊者謁者及贊引自外位 先入就拜位 再拜各就位.

알자와 찬인은 각각 헌관을 인도하여 외위로 나아가시오謁者及贊引各引獻官就外位.

찬인은 축과 제집사를 인도하여 배위에 나아가 재배하시오贊引引祝及諸執事入就拜位 再拜.

몸을 굽혀 두 번 절하고 일어나 몸을 펴시오鞠躬·拜·興·拜·興·平身.

찬인은 축과 제집사를 인도하여 관세위에 이르러 손을 씻으시오贊引引祝及諸執事詣盥洗位 盥水帨手.

각자 자리에 들어가시오各就位.

축은 독을 여시오祝開櫝.

보와 궤의 뚜껑을 여시오開簠簋.

알자와 찬인은 각각 헌관을 인도하여 배위에 나아가 재배하시오謁者及贊引各引獻官入就拜位 再拜.

몸을 굽혀 두 번 절하고 일어나 몸을 펴시오鞠躬·拜·興·拜·興·平身.

알자는 초헌관의 왼편에 나아가 행사를 청하시오謁者進初獻官之左 請行事.

알자는 초헌관을 인도하여 관세위에 이르러 북향하여 서시오謁者引初獻官詣盥洗位 北向立.

손을 씻으시오盥水帨手.

신위전에 인도하여 북향하여 서시오引詣神位前 北向立.

꿇어 앉으시오跪.

향을 세 번 피우시오上香三上香.

부복하였다가 일으서시오俯伏興平身.

인도하여 자리에 돌아가시오引降復位.

초헌례初獻禮

- 알자는 초헌관을 인도하여 준소에 나아가시오謁者引初獻官詣樽所.

신위전에 인도하여 꿇어 앉으시오引詣神位前跪.

전작하시오奠爵.

부복하였다가 일어나 조금 물러나 꿇어 앉으시오俯伏興少退跪.

축은 축문을 읽으시오讀祝.

부복하였다가 일어나시오俯伏興平身.

인도하여 자리에 돌아가시오引降復位.

아헌례亞獻禮

- 찬인은 아헌관을 인도하여 관세위에 나아가시오贊引引亞獻官詣盥洗位.

손을 씻으시오盥水帨手.

인도하여 준소에 나아가시오引詣樽所.

신위전에 인도하여 꿇어 앉으시오引詣神位前跪.

전작하시오奠爵.

부복하였다가 일어나시오俯伏興平身.

인도하여 자리에 돌아가시오引降復位.

종헌례終獻禮

- 찬인은 종헌관과 분헌관을 인도하여 관세위에 나아가시오贊引引終獻官及分獻官詣盥洗位.

각각 준소로 인도하시오各引詣樽所.

각각 신위전으로 인도하여 꿇어 앉으시오各引詣神位前跪.

향을 세 번 피우시오上香三上香.

전작하시오奠爵.

부복하였다가 일어나시오俯伏興平身.

인도하여 자리에 돌아가시오引降復位.

음복례飮福禮

- 축은 준소에 가서 작에 복주를 따르시오祝詣樽所 以爵酌福酒.

축은 도마와 칼을 들고 신위전의 조육을 조금 덜어내시오祝持俎及刀進減神位前胙肉.

알자는 초헌관을 인도하여 음복위에 나아가 서향하여 꿇어 앉으시오謁者引初獻官詣飮福位 西向跪.

축은 헌관의 왼편에 나아가 북향하여 작을 헌관에게 드리시오祝進獻官之左北向 以爵授獻官.

헌관은 술을 다 마시시오獻官飮卒爵.

작은 준소에 돌려놓으시오反爵于樽所.

축은 북향하여 조육을 헌관에게 드리시오祝北向以胙授獻官.

헌관은 조를 받아 축에게 주고, 축은 조를 받아 동계로 내려 나가시오獻官授胙授祝祝受胙 降自東階出門.

알자는 헌관을 인도하여 자리에 돌아가시오引降復位.

헌관은 모두 재배하시오獻官皆再拜.

몸을 굽혀 두 번 절하고 일어나 몸을 펴시오鞠躬・拜・興・拜・興・平身.

철변두徹籩豆

- 축은 사당에 들어가 철변두 하시오(두와 변을 각각 하나씩 조금 옮겨 놓음)祝入徹籩豆(豆一籩一各移故處).

재위자와 학생은 모두 재배하시오在位者及學生皆再拜.

몸을 굽혀 두 번 절하고 일어나 몸을 펴시오鞠躬・拜・興・拜・興・平身.

축은 독을 닫으시오祝閉櫝.

망예望瘞

- 알자는 초헌관을 인도하여 망예위에 이르러 북향하여 서시오謁者引初獻官詣望瘞位 北向立.

축은 축판을 들고 서계로 내려가 구덩이에 묻으시오祝取祝版降自西階瘞坎.

알자는 헌관을 인도하여 자리에 돌아가시오引降復位.

알자는 초헌관의 왼편에 나아가 예필을 고하시오謁者進獻官之左 白禮畢.

알자는 초헌관을 찬인은 각각 헌관을 인도하여 차례로 나가시오謁者

引初獻官贊引各引獻官 以次出.

축과 제집사는 모두 계간 배위에 돌아가 재배하시오祝及諸執事俱復階間拜位 再拜.

몸을 굽혀 두 번 절하고 일어나 몸을 펴시오鞠躬·拜·興·拜·興·平身.

차례로 나가시오以次出.

찬자, 알자 및 찬인은 계간 배위에 나아가 재배하고 나가시오贊者謁者贊引就階間拜位再拜出.

병산서원의 운영

1. 운영위원회

현재 병산서원의 일상적인 운영을 결정하는 최고 의결기구는 운영위원회이다.[42] 서원에서 가장 크고 중요한 행사로 손꼽는 춘추제향 때의 원장과 제관을 선정하고, 한 해 결산이 보고된다(살림 규모가 적어 예산은 보고하지 않는다). 대외활동이나 서원 운영에 필요한 중요사항이 결정되고 집행된다. 위원의 임기는 2년이다.

운영위원 수는 9명인데 두 명의 당연직과 7명의 선출직으로 구성된다. 두 명의 당연직은 서원에 배향된 주벽의 주손(류성룡의 종손, 운영위원장)과 풍산고등학교 교장이며, 선출직 7명은 병산서원과 관련된 문중 사람들이다. 그리고 감사 2명을 선출한다. 운영위원회는 임기가 끝날 때쯤 새로운 다섯 곳의 문중을 정해 운영위원 추천을 요청하면 해당 문중은 내부 논의를 통해 한 명씩을 추천한다. 이들 문중은 적절하게 순환하게 된다. 대표적인 문중은 예안이씨 · 안동권씨 · 순천김씨 · 안동김씨 · 풍산김씨 · 순흥안씨 · 광산김씨 · 진성이씨 · 재령이씨 · 흥해배씨 · 영양남씨 등이다. 운영위원회 참여를 요청받은 문중이라고 하더라도 마땅한 인물이 없으면 고사하기도 한다. 운영위원 역시 임기 중에 상喪을 당하거나 하는 불운한 일을 겪는 경우와 고령이나 질병으로 소임을 감당하지 못하게 되면 사임한다.

42 『서원향사』- 병산서원 · 옥산서원, 국립문화재연구소, 2012, 128~131쪽 참조. 이하 서술은 이글을 참고하여 정리하였다.

병산서원의 제반 실무를 운영해 나가는 담당자는 유사이다. 별유사 또는 별임別任으로 부르는 유사는 2년 임기이며 인원은 2-3명이다. 임기는 2년이지만 마땅한 후임자가 없는 요즘 상황에서는 계속 연임된다. 유사는 운영위원회에서 임명되나 자발적이거나 선임 유사의 추천을 받는다.

유사는 운영위원장을 도와 운영위원회를 운영하고 재산을 관리하며 춘추제례를 준비한다. 서원을 이용하고자 하는 기관이나 단체 역시 유사를 통해 신청하며, 일반인을 대상으로 강좌라도 개설되면 교육 기획까지도 감당해야 한다. 비록 의결권은 없지만 운영위원회에도 참석하여 논의된 내용이나 의결사항을 꼼꼼하게 기록했다가 추진한다.

서원의 운영위원회는 서원 운영에 관한 정기적인 의결기구이지만 운영위원들의 구성이나 논의되는 내용이 반복적이고 일상적이라는 점에서, 병산서원을 둘러싼 유림들의 대의기구로서의 성격을 갖는다고 하겠다. 그러나 운영위원회에서 의결할 수 없는 사안들도 발생하게 된다. 서원 재산의 처분이나 토시의 수용, 유림의 공론을 집결시켜야 하는 일이 발생하면 유림 총회라고 할 수 있는 당회堂會가 소집된다.

당회는 재지유림들의 결사結社로서 유회儒會라고도 한다. 당회의 성격은 서원 운영에 관한 의결을 비롯하여 정치 · 사회 문제에 대한 유림들의 여론을 환기하거나 집결시키는 것이었다. 당회의 주재자는 원장이다. 2006년 류성룡이 배향되어 있었던 의성 빙계서원의 복설과 추가 배향에 대한 유림들의 의견을 묻기 위해 당회가 개최된 바 있다.

2. 병산교육재단의 설립

병산서원은 서원 본래의 목적인 인재를 양성하기 위해 유림 총의로 학교설립을 결의하고 1946년 서원 재산으로 학교법인 '병산교육재단'을 설립하였다. 1946년 풍산초등학교 교사 일부를 빌려 4년제 병산초급중학교를 개교하였고, 1947년 풍산읍 안교리에 부지를 마련하여 교사를 신축하였다.

1967년에는 고등학교와 중학교를 병설하여 교명을 풍산중학교와 풍산고등학교로 바꾸어 오늘에 이르고 있다. 풍산고등학교의 경우에는 2002년부터 자율학교로 운영되고 있다. 병산서원 관계자는 학교를 운영하는 교육재단을 '서원재단'이나 '풍산재단'으로, 풍산중 · 고등학교는 '서원학교'로 부르며 깊은 애정과 높은 자부심을 드러낸다. 그래서 병산서원은 별도의 교육프로그램을 운영하지는 않지만 교육 기능은 여전히 유지하고 있는 셈이다.

3. 현대적 활용

병산서원은 가장 아름다운 경관을 가진 서원이라는 점에서 많은 관광객이 찾고 있다. 특히 2019년 유네스코 세계유산에 등재되면서 방문객은 더욱 많아졌다. 병산서원은 자체 프로그램을 가지고 있지는 않지만, 오래전부터 학회나 기업, 단체들에게 적극적으로 개방함으로써 사회와 교류해 왔다. 풍산금속의 경우 신입사원 연수나 간부 워크숍을 병산서원에서 갖는다.

풍산중 · 고등학교 학생들을 교육적인 측면에서 춘추향사에 참여시키고 있는데, 이는 30년 넘게 이어져 이제는 병산서원 향사의 전통이 되었다. 매번 제향 때마다 신청을 받아 10명의 학생들을 제관으로 참여시킨다. 서원에서 제공하는 제례복을 입고 제관으로 참여하게 된 기억은 이들에게 남다른 경험이 되는데, 축시丑時에 지내던 제향 시간을 새벽으로 조정하게 된 것도 이들을 위한 배려에서이다. 처음에는 고등학생들이 주로 참석했지만 대학입시 준비로 기피하면서 중학교 2 · 3학년생들이 주로 참석하고 있다.

2010년부터는 봄 · 가을로 사회 저명인을 초청하여 강좌를 개설하고 있다. 만대루나 입교당에서 이루어지는 강좌는 인터넷을 통해 공지하고 참가 신청을 받아 이루어지는데 장소 때문에 1회에 80-100명 정도가 참석한다. 정기적인 봄 · 가을 강좌 이외에도 학생과 사회인을 대상으로 한 사회교육 프로그램도 진행 중이다.

최근에 주목할 활동으로는 '서애류성룡함西厓柳成龍艦' 승조원들을 병산서원에서 교육한 사례가 있다. '서애류성룡함'은 우리 해군이 보유한 세 번째 이지스구축함으로 임진왜란 당시 이순신과 권율을 천거하여 바다와 뭍에서 왜적을 막았으며, 재상으로서 전쟁을 승리로 이끈 류성룡의 이름을 붙여 2012년 9월에 취역했다. 이를 인연으로 하회마을과 '서애류성룡함'은 자매결연을 맺었는데, 해군과 병산서원은 자매결연 후속사업으로 승조원에 대한 교육을 실시하기로 합의하였다. 2011년부터 연 4회에 걸쳐 150여 명을 대상으로 서원에서 이틀간 교육하고 있다. 구축함의 이름인 류성룡의 일대기와 전쟁수행 능력, 사상을 중심으로 정신교육을 진행함으로써, 승조원들의 정신무장에 크게 기여하고 있다고 평가된다. 일반인의 서원 체험은 연 20회 1회당 20명씩 1박 2일로 교육을 진행하고 있으며, 만대루에서는 연 40회에 걸쳐 강학, 달빛 시회, 음악회를 하고 있다.

참고문헌

『古文書集成』 20 - 屛山書院篇 - , 한국학중앙연구원, 1994.

『古文書集成』 63 - 屛山書院篇, 正書本 - , 한국학중앙연구원, 2002.

『서원향사』 - 병산서원 · 옥산서원 - , 국립문화재연구소, 2012.

김명자, 「조선후기 屛山書院 院長 구성의 시기별 양상」, 『韓國書院學報』 6, 2018.

김영나, 「17~19세기 병산서원 노비의 존재양상」, 『대동한문학』 67, 2012.

김학수, 「院享論을 통해 본 서애계의 '溪門嫡傳論'」, 2008년 한국서원학회 하계 학술세미나 『屛山書院의 歷史와 文化』, 2008.

박송배, 「병신시원 교육 관계 자료 검토」, 『교육사학연구』 18-2, 2008.

박현규, 「屛山書院 書冊目錄의 분석과 그 특징」, 『書誌學報』 14, 1994.

이수건, 『嶺南學派의 形成과 展開』, 일조각, 1995.

이수환, 「17, 18세기 安東 屛山書院의 社會 · 經濟的 基盤」, 『嶠南史學』 3, 1987.

______, 『朝鮮後期 書院研究』, 일조각, 2001.

이상해 · 이수환 · 옥영정, 「병산서원」, 『한국의 서원유산』 1, 한국서원연합회, 2014.

정수환 · 김학수 외, 『병산서원』, 한국학중앙연구원, 2019.

조준호, 「19세기 병산서원의 賜額과정」, 2008년 한국서원학회 하계 학술세미나 『屛山書院의 歷史와 文化』, 2008.

한국의 서원 100선
○○②

병산서원
서원 건축의 백미

초판1쇄 발행 2025년 11월 30일

기획 한국국학진흥원 인문융합본부
지음 이수환
사진 류종승

주간 조승연
편집 · 디자인 오경희 · 조정화 · 오성현 · 신나래 · 박선주 · 정성희
관리 박정대

펴낸이 오경희
펴낸곳 문예원
창업 홍종화
출판등록 제2007-000260호
주소 서울 마포구 토정로25길 41(대흥동 337-25)
전화 02) 804-3320, 805-3320, 806-3320(代)
팩스 02) 802-3346
이메일 minsokwon@naver.com
홈페이지 www.minsokwon.com

ISBN 979-11-90587-65-5
SET 979-11-90587-63-1 94380